Sal... ...les,

Peter

co. 3.'11

PETER PIOT

DIRECTOR EJECUTIVO DE ONUSIDA DESDE SU CREACIÓN, EN 1995, Y VICESECRETA-
RIO GENERAL DE LAS NACIONES UNIDAS, SE GRADUÓ EN MEDICINA POR LA
UNIVERSIDAD DE GANTE Y OBTUVO UNA PLAZA COMO PROFESOR DE ENSEÑANZA
SUPERIOR EN LA UNIVERSIDAD DE AMBERES. EN 1976 FUE CO-DESCUBRIDOR DEL
VIRUS ÉBOLA EN EL ZAIRE. EN LA DÉCADA DE LOS 80, PETER PIOT FUE EL RESPON-
SABLE DE VARIOS PROYECTOS SOBRE ENFERMEDADES DE TRANSMISIÓN SEXUAL Y
REPRODUCCIÓN EN BURUNDI, KENIA, ZAIRE, COSTA DE MARFIL Y TANZANIA. DE 1984
A 1986 TRABAJÓ CON JONATHAN MANN EN EL PROYECTO SIDA EN KINSHASA, UN
PROGRAMA DE INVESTIGACIÓN LLEVADO A CABO EN COLABORACIÓN CON EL CDC
(CENTRO DE CONTROL Y PREVENCIÓN DE ENFERMEDADES), EL NIH (INSTITUTO
NACIONAL DE SALUD) Y EL MINISTERIO DE SANIDAD DE LA REPÚBLICA DEL ZAIRE.
HA SIDO PROFESOR DE MICROBIOLOGÍA Y SANIDAD PÚBLICA EN EL INSTITUTO DE
MEDICINA TROPICAL DE AMBERES, EN LA UNIVERSIDAD DE NAIROBI, EN BRUSELAS
Y EN LAUSANA. EN 1992 SE UNIÓ AL PROGRAMA MUNDIAL DE LUCHA CONTRA EL
SIDA DE LA OMS EN CALIDAD DE DIRECTOR ASOCIADO. HA RECIBIDO NUMEROSAS
DISTINCIONES POR SU LABOR EN EL ÁMBITO CIENTÍFICO Y SOCIAL Y FUE NOMBRA-
DO BARÓN POR EL REY ALBERTO II DE BÉLGICA EN 1995. ES MIEMBRO DE VARIAS
ACADEMIAS DE MEDICINA. ES AUTOR DE 15 LIBROS Y HA PUBLICADO MÁS DE 500
ARTÍCULOS CIENTÍFICOS.

MICHEL CARAËL

DOCTOR EN SOCIOLOGÍA Y LICENCIADO EN PERIODISMO POR LA UNIVERSIDAD LIBRE
DE BRUSELAS, FUE PERIODISTA EN LA RADIO Y EN LA TELEVISIÓN PÚBLICAS BEL-
GAS DE 1968 A 1984. ES PROFESOR ASOCIADO EN LA FACULTAD DE CIENCIAS
SOCIALES, ECONÓMICAS Y POLÍTICAS Y EN EL INSTITUTO DE TRABAJO DE LA
UNIVERSIDAD LIBRE DE BRUSELAS DESDE 1995. TRAS VARIOS AÑOS DE INVESTIGA-
CIONES EN EL ÁMBITO DE LA SALUD DE LA REPRODUCCIÓN Y LA NUTRICIÓN EN
ZAIRE, SOMALIA Y RUANDA, SE UNIÓ AL PROGRAMA MUNDIAL DE LUCHA CONTRA
EL SIDA DE LA OMS CUANDO FUE CREADO, EN 1986, Y MÁS TARDE, EN 1995, A ONU-
SIDA COMO JEFE DE EQUIPO DE PREVENCIÓN Y EVALUACIÓN. MIEMBRO DE NUME-
ROSOS COMITÉS CIENTÍFICOS, HA PUBLICADO MÁS DE 160 ARTÍCULOS, LA MAYORÍA
DE LOS CUALES SON SOBRE VIH-SIDA.

Peter Piot y Michel Caraël

La epidemia del sida
y la globalización de los riesgos

CATARATA

SERIE ENSAYOS UNESCO ETXEA
DIRIGIDA POR MIKEL MANCISIDOR

ESTE LIBRO HA RECIBIDO EL APOYO DEL ÁREA DE MUJER Y COOPERA-
CIÓN AL DESARROLLO DEL AYUNTAMIENTO DE BILBAO

Bilbao

UDALA
AYUNTAMIENTO

Emakume eta Garapenerako
Lankidetzako Saila

Área de Mujer y
Cooperación al Desarrollo

Libro Amigo de los Bosques

ÍNDICE

GLOSARIO

ATTAC	Asociación por una Tasa sobre las Transacciones Especulativas para la Ayuda a los Ciudadanos
DFID	Departamento para el Desarrollo Internacional del Reino Unido
ETS	Enfermedades de Transmisión Sexual
FAO	Organización de las Naciones Unidas para la Agricultura y la Alimentación
FMI	Fondo Monetario Internacional
GPA	Programa Global del Sida
OIT	Organización Internacional del Trabajo
OMC	Organización Mundial del Comercio
OMS	Organización Mundial de la Salud
ONUSIDA	Programa Conjunto de las Naciones Unidas sobre el VIH/sida
PEPFAR	Programa de Urgencia contra el Sida de los Estados Unidos
PMA	Programa Mundial de Alimentos
PNUD	Programa de las Naciones Unidas para el Desarrollo

SARS	Síndrome Respiratorio Agudo Severo
TAC	Campaña de Acción a favor de los Tratamientos
TASO	Organización para el Apoyo a las Personas Enfermas de Sida
UNESCO	Organización de las Naciones Unidas para la Educación, la Ciencia y la Cultura
UNFPA	Fondo de Población de las Naciones Unidas
UNGASS	Sesión Especial de la Asamblea General de las Naciones Unidas
UNICEF	Fondo de las Naciones Unidas para la Infancia
USAID	Agencia de los Estados Unidos para el Desarrollo Internacional

PRÓLOGO A LA EDICIÓN ESPAÑOLA

Estamos muy contentos de publicar esta edición en español que nos ha permitido actualizar el libro de conversaciones entre los dos, así como dirigirnos a los lectores del mundo hispánico. Efectivamente, la epidemia del Virus de Humana Inmunodeficiencia (VIH), si bien afecta a todos los países, es también extremadamente específica en los diferentes contextos socioeconómicos y culturales. Comencemos con un esbozo de la situación de la epidemia en el ámbito de habla hispana.

Desde el comienzo de la epidemia, España ha declarado un total acumulado de más de 70.000 casos de sida y la muerte de 40.000 personas aproximadamente. A finales de 2005, cerca de 140.000 personas vivían con el VIH pero sólo el 70 por ciento de éstas sabían que estaban infectadas por el virus. Durante 2005 se detectaron 1.500 nuevos casos. Un 25 por ciento de esas nuevas infecciones se atribuye al mantenimiento de relaciones heterosexuales sin protección y un 14 por ciento a hombres homosexuales. Por tanto, la principal forma de transmisión sigue siendo el consumo de drogas por vía intravenosa debido al uso de materiales contaminados con sangre infectada durante el intercambio de jeringuillas. La prevalencia declarada de infección por VIH entre los toxicómanos por vía intravenosa es de aproximadamente un 20 por ciento en el conjunto del país.

En 2004, había casi 1.500 centros de intercambio de jeringuillas en funcionamiento donde se distribuyeron algo menos de 6 millones. Entre los consumidores de drogas por vía intravenosa, los programas de reducción de riesgos se han asociado a un descenso tanto en el consumo de drogas inyectables como en el de jeringuillas y agujas no estériles. La prevalencia del VIH dentro de ese grupo ha disminuido a la mitad en Barcelona (de un 44 por ciento a un 21 por ciento entre 1995 y 2001-2003) y en Sevilla (de un 44 por ciento a un 22 por ciento). Sin embargo, en Madrid, donde dichos programas no se introdujeron hasta finales de la década de los noventa, la prevalencia del VIH entre los consumidores de drogas inyectables apenas ha variado (37 por ciento en 1995 y 35 por ciento en 2001-2003).

El sida conoció su punto álgido en 1994, seguido de un rápido descenso del número de casos declarados: de más de 7.400 nuevos casos en 1994, a 1.600 en 2005. Asimismo, el número de fallecimientos relacionados con el sida alcanzó su máximo en 1995, con alrededor de 5.000 casos anuales, y ha descendido rápidamente gracias a la introducción de los tratamientos antirretrovirales. En el año 2005, alrededor de las 100.000 personas que vivían con el VIH acudieron a consulta para tratamientos y 75.000 han recibido medicamentos antirretrovirales.

En el año 2007, en Latinoamérica, había alrededor de 1,6 millones de personas con el VIH, cifra que se mantiene estable desde hace varios años. De estas personas, dos terceras partes vivían en Brasil, Argentina, Colombia y México. En Brasil, país con mayor población de la zona, vive la tercera parte de la totalidad de personas que tienen el virus. Gracias a la prioridad otorgada en este país a la prevención y al tratamiento, el nivel de la epidemia se ha mantenido en un 0,5 por ciento desde el año 2000. Las cifras más elevadas de prevalencia del VIH se dan en los pequeños países de Centroamérica, como Honduras y Belice, con tasas que oscilan entre un 1,5 por ciento y un 2,5 por ciento. El Caribe es la segunda zona más afectada por el sida en el mundo después del África Subsahariana. Más de 230.000 personas viven con el VIH en dicha zona —el 1 por ciento de la población adulta—; tres cuartas partes de ellas se encuentran en la República Dominicana y Haití. En estos dos países, hay un descenso en los comportamientos de riesgo y la prevalencia del VIH está disminuyendo desde hace algunos años, pero siguen estando presentes las condiciones de vulnerabilidad, como la extrema pobreza y las migraciones.

En Latinoamérica y en el Caribe, la epidemia afecta especialmente a los hombres homosexuales que, a menudo, se consideran heterosexuales o bisexuales, así como a sus parejas sexuales femeninas. Por otra parte, una gran cantidad de prostitutas y sus clientes, así como los consumidores de drogas por vía intravenosa, también están infectados por el virus. Estos colectivos con comportamientos de riesgo están muy estigmatizados y tanto los programas como los servicios que podrían contribuir a disminuir los riesgos de infección del VIH entre dichos grupos aún son demasiado escasos.

Del resto de regiones, el África Subsahariana sigue siendo la zona más afectada, con 22 millones de personas infectadas por el VIH, de las cuales el 60 por ciento son mujeres; no obstante, la epidemia parece estar estabilizada o en declive, al contrario que en Asia o en Europa Central y del Este, donde la epidemia sigue progresando.

Si rebobinamos hasta comienzos de los ochenta, con el punto de vista que teníamos entonces, cuando nos encontramos con una nueva enfermedad infecciosa —posteriormente ha habido 3o más— era muy difícil prever su evolución. Quizá no nos dimos cuenta al comienzo, o no quisimos verlo, pero ninguno de nosotros tenía la menor idea del modo en el que el sida iba a cambiar nuestras vidas, tanto en el aspecto profesional como en la vida privada, ni de la manera en la que la epidemia cambiaría el mundo. Por supuesto, éramos conscientes de que un virus que se transmitía a través de las relaciones sexuales o por vía sanguínea, una infección que afectaba a los homosexuales, a las prostitutas y sus clientes o a los consumidores de drogas intravenosas iba a resultar especialmente difícil de controlar, pero habíamos depositado gran parte de nuestras esperanzas en la confianza que teníamos en los progresos de la medicina. Durante los primeros años era preciso reaccionar de forma urgente, intentar convencer a las comunidades reticentes, a los gobiernos hostiles, tranquilizar a una opinión pública frágil y dispuesta a echar por la borda todos los grandes principios de los derechos de los enfermos, pero, al mismo tiempo, seguíamos mirando al cielo de la ciencia con la secreta esperanza de que el descubrimiento de una vacuna permitiría frenar esta dramática plaga. A las preguntas apremiantes de la prensa internacional repetíamos una y otra vez "es posible, casi seguro, que tengamos una vacuna en cinco años". Tuvimos que desengañarnos. Seguimos teniendo esperanzas, pero sabemos que sin una movilización y una fuerte inversión pública, esta esperanza podría unirse a la siempre lejana de un mundo mejor, más pacífico, más igualitario y más fraternal.

Si bien al comienzo de una epidemia no es posible adivinar su evolución, no hizo falta mucho tiempo para darse cuenta del potencial sin par de crecimiento exponencial del VIH. Muchos factores regionales o locales contribuyen a su expansión: la urbanización y el éxodo rural asociado a ella; la globalización, que multiplica los intercambios y abre las fronteras a los productos comerciales, pero también a las drogas e infecciones; las desigualdades y las migraciones. Y todos esos factores están muy presentes en Latinoamérica: las guerras civiles y los conflictos armados que provocan un gran número de refugiados y de desplazados; el empobrecimiento de la financiación del sector público y, en especial, la degradación de los servicios sociales y sanitarios y la privatización de gran parte del sector sanitario con el correspondiente éxodo del personal que trabaja en él. Cada uno de estos factores, directa o indirectamente, lenta o rápidamente, desemboca en la difusión de un virus que al principio no afectaba más que a unas cuantas personas. ¿Quién podía imaginarse que en 25 años el sida sería la cuarta causa de mortalidad en el mundo y, junto con el cambio climático y el calentamiento global, uno de los principales problemas de nuestra era?

En 2007, por vez primera desde el descubrimiento del virus, las cifras de personas infectadas están retrocediendo con relación a los años precedentes. Aún no podemos cantar victoria, pero hay un retroceso sensible en el número de nuevas infecciones cada vez en más países, gracias, en gran parte, a los programas de prevención. Los métodos de cálculo son cada vez más precisos, lo cual permite revisar a la baja las estimaciones mundiales, especialmente en países grandes como India o Nigeria. Gracias a los antirretrovirales la mortalidad disminuye allá donde los enfermos tienen acceso a ellos.

El sida ha provocado en 2007 más de dos millones de muertos, es decir, aproximadamente 6.000 personas por día. Hay más de 33 millones de personas infectadas por el VIH; la gran mayoría de ellas son jóvenes adultos de países con renta baja. En África, el 60 por ciento de las nuevas infecciones afecta a las mujeres jóvenes. En el mundo entero, se estima en unos 2,5 millones el número de nuevos infectados. Por cada persona seropositiva que accede al tratamiento, hay 5-6 nuevos infectados. Tras amenazas, negociaciones, presiones, el precio de los antirretrovirales ha descendido de forma espectacular hasta los 135 dólares estadounidenses por año y paciente adulto. Hace diez años, el precio era de 12.000 dólares estadounidenses. Si bien la epidemia muestra síntomas de ralentización a escala mundial, los sufrimientos relacionados con ella siguen siendo inconmensurables.

A lo largo de todos estos años de lucha contra la epidemia, no ha dejado de haber polémicas, tanto morales como ideológicas. Por vez primera, la epidemia está retrocediendo. Por fin, parece que tantos años de inversión en la prevención y, más recientemente, en los tratamientos están dando sus frutos. Pero he aquí la paradoja: nunca ha habido tantas acusaciones como ahora contra ONUSIDA, el Programa Conjunto de las Naciones Unidas sobre el VIH/sida, o contra el Fondo Mundial Internacional. Los argumentos son muy diversos, pero los podemos resumir de la siguiente manera: excesiva financiación para la lucha contra el sida, con el riesgo de provocar carencias en la lucha contra otro tipo de problemas sanitarios; excesiva concentración de recursos económicos y humanos para el sida a costa de la necesaria consolidación de las infraestructuras sanitarias; demasiado hincapié en el uso del preservativo en las relaciones sexuales de riesgo, y poco en la reducción del número de parejas sexuales; los cálculos del número de personas infectadas por el virus estarían sesgados voluntariamente y serían demasiado elevados. Incluso los "repensadores" del VIH —aquellos que incluso niegan la existencia del virus— se hacen escuchar de nuevo en nombre de un derecho de crítica.

Las premisas sobre las que se fundamentan muchas de las críticas no son las mismas que utilizamos nosotros, que creemos que la epidemia del VIH es única, excepcional y, por tanto, requiere una respuesta excepcional, es decir, una respuesta social, política y científica. El verdadero peligro consistiría en volver a la situación de la década de los 90: una resignación silenciosa, mucha discriminación, muy poca atención y financiación. Queremos recordar a los que piensan que el sida recibe demasiada atención que la vida de cientos de millones de personas de países con renta baja depende de la financiación de la prevención, una prevención prolongada que no se limite a la difusión de algún que otro *spot* publicitario un par de veces al año. Hay que garantizar el futuro a millones de personas que necesitan un tratamiento antirretroviral o a quienes ya han comenzado a recibirlo. La lucha contra el sida no es sólo un compromiso moral, ya que no hacer nada acarreará un coste diez veces mayor. El impacto del sida en la economía y la seguridad es evidente en los países más afectados del sur de África.

La epidemia del VIH ha comenzado a retroceder en parte gracias a los esfuerzos dedicados a ella a partir del año 2000 con el fin de mejorar la cobertura de servicios y llegar a los colectivos con mayor riesgo. Los progresos son muy lentos y surgen otro tipo de urgencias sanitarias, como combatir la mortalidad materna o reducir el escándalo de la desnutrición infantil. Ese tipo de urgencias también exigen una movilización social, sin embargo, no conseguiremos avanzar si de forma sistemática enfrentamos esos problemas a la epidemia de sida. Esta epidemia tiene un potencial mortal y una repercusión política, social y económica que ningún otro problema sanitario ha tenido. Es nuestro deber conseguir que las inversiones en el ámbito del sida sean eficaces y beneficien a las infraestructuras sanitarias, así como a los recursos comunitarios y humanos, y que la lucha contra la discriminación, a favor de una mayor igualdad entre hombres y mujeres en materia de sexualidad, a favor del acceso de las minorías a la información y al tratamiento, se traduzca en una mayor justicia social. Éstos son los principales temas que se tratan en este libro.

PETER PIOT Y MICHEL CARAËL

2008

EL NACIMIENTO DE UN SÍNDROME MUNDIAL:
UNA EPIDEMIA ENFRENTADA A LAS IDEOLOGÍAS

LAS PARADOJAS DEL SIDA · SANIDAD PÚBLICA Y LIBERTADES INDIVIDUALES · LA GLOBALIZACIÓN DE LOS RIESGOS · EL DESCONCIERTO DE LOS PRIMEROS AÑOS · UNA NUEVA ALIANZA DE MÉDICOS ACTIVISTAS EN EUROPA · UN LARGO PERIODO DE NEGACIÓN EN ÁFRICA

MICHEL CARAËL: EL SIDA FUE DESCRITO POR PRIMERA VEZ EN LOS ÁNGELES EN 1981, EN CINCO HOMBRES AFECTADOS POR UNA EXTRAÑA NEUMONÍA. LAS CONDICIONES DE DICHA CONSTATACIÓN DE LA EPIDEMIA DEL VIH EN ESTADOS UNIDOS —EL DESCUBRIMIENTO DE QUE SE TRANSMITÍA POR VÍA HOMOSEXUAL Y, MÁS TARDE, TAMBIÉN A TRAVÉS DE LAS JERINGUILLAS CONTAMINADAS EN EL CASO DE LOS CONSUMIDORES DE DROGAS POR VÍA INTRAVENOSA—, ¿NO HAN DEMORADO CONSIDERABLEMENTE LAS RESPUESTAS A NIVEL MUNDIAL, POR EL HECHO DE ASOCIAR EL VIH CON COMPORTAMIENTOS MARGINALES Y ESTIGMATIZADOS?

PETER PIOT: El sida es una epidemia repleta de paradojas que caracteriza de una manera muy simbólica a nuestra época de globalización y de cambios sociales. El VIH se ha extendido de forma fulgurante gracias a la facilidad de transporte y de comunicaciones. Y en Occidente, como consecuencia de la aparición de culturas como la cultura homosexual. Muchas veces me he planteado la siguiente pregunta: ¿cómo es posible que, en menos de 30 años, el virus haya infectado a casi 60 millones de personas en todo el mundo, si el punto de partida es una única persona y un único virus? Esto nos muestra otra cara de la globalización. Todas esas personas han estado en contacto unas con otras: a través de relaciones sexuales, porque su madre estaba infectada, a través de transfusiones sanguíneas o porque han compartido jeringuillas infectadas. Si nos ponemos a pensar en ello, resulta casi apocalíptico. Todo esto no habría sido posible hace cien años. No al menos en un periodo histórico tan breve. En 1918, en un plazo de dos años, la gripe española —a pesar de su nombre, comenzó en Estados Unidos— causó la muerte a 20 millones de personas en todo el mundo, pero el modo de transmisión era diferente. Como la mortalidad era muy alta, la epidemia se detuvo también muy rápidamente.

En el periodo actual de globalización, y he aquí la paradoja, se debería haber respondido a la epidemia del VIH con mayor energía y rapidez, tal y como se ha hecho con los *tsunamis*, esos gigantescos maremotos que han arrasado las costas de Asia, debido a que los medios de comunicación estaban allí y se ha podido reunir ayuda financiera rápidamente. Por desgracia, ése no ha sido el caso del sida. Y es ahí donde nos encontramos con el verdadero significado del sida dentro de la historia de la humanidad. El sida se vincula a la sexualidad y a comportamientos no aprobados por la sociedad, como por ejemplo, el consumo de drogas. Por otro lado, el periodo de incubación del virus es muy largo. Sin un tratamiento adecuado, las manifestaciones clínicas del sida se desarrollan en un periodo de 8-10 años en el 50 por ciento de las personas infectadas por el VIH, lo cual hace que se retrase considerablemente la concienciación sobre la realidad de la epidemia. Me acuerdo de cuando Philip Lutaaya, que falleció de sida en 1989, dio a conocer su condición de seropositivo en público en Uganda. Nadie le creía: este músico popular continuó cantando y el público se negaba a creer que un hombre grueso pudiese estar infectado por el virus. Se relacionaba infección y enfermedad con delgadez extrema y esa idea equivocada persiste hoy en día. El periodo de latencia entre la infección y la aparición visible de los síntomas de la enfermedad es un obstáculo considerable para la concienciación. Durante los 5 años siguientes a la introducción del VIH en una sociedad, no se nota nada. Luego, en muchas sociedades, raramente se menciona que un ser cercano ha muerto de sida; se hablará más bien de tuberculosis o diarrea, que son precisamente las enfermedades oportunistas asociadas al VIH. Se oculta la causa principal de los fallecimientos por miedo a la discriminación y la estigmatización. Las personas afectadas por el sida mueren en sus casas y sin cuidados, a resguardo de las miradas. Si todos los días se estrellaran diez Boeing 747 —más de 6.000 muertos—, aproximadamente el equivalente de muertes causadas diariamente por el sida en el mundo, habría una reacción increíble. Sin embargo, si se muere en silencio y no hay demasiados turistas occidentales implicados, la cuestión no se percibe como una realidad chocante y una injusticia. Hace poco, cuando volvía de Sudáfrica, donde la prevalencia del VIH en los adultos es del 20 por ciento, con una mortalidad muy elevada, unos periodistas europeos me decían: "nosotros no hemos visto nada, la vida se desarrolla normalmente". ¿A qué esperamos? ¿A ver cadáveres en medio de la calle? Yo no sé lo que la gente se imagina. Quizá lo que permanece en la memoria colectiva es la imagen de la peste y el cólera. Sin embargo, el sida es otra cosa.

La historia del sida es la historia de una enfermedad relacionada con comportamientos que no son aprobados por la mayoría de las sociedades. Todo lo relacionado con el sexo y las drogas sigue estando muy estigmatizado. Y la droga es un tabú aún más profundo que la sexualidad. Las sociedades evolucionan lentamente. No olvidemos que la emancipación de los homosexuales en Europa Occidental es muy reciente. El matrimonio entre personas del mismo sexo está reconocido en Holanda, en Bélgica e incluso en España, pero todavía me acuerdo de mis libros de medicina de los años 60, en los que se referían a la homosexualidad como si fuera una cuestión de psiquiatría, con títulos como *La perversidad homosexual*. Los programas de intercambio de jeringuillas para los toxicómanos son bastante recientes en Francia y en España, y constantemente cuestionados. No debemos esperar un cambio rápido por parte del resto del mundo sobre estas cuestiones, lo cual complica muchísimo la lucha contra el sida.

EN FRANCIA Y EN ESPAÑA LA POLÍTICA DE REDUCCIÓN DE RIESGOS HA SIDO FINALMENTE ACEPTADA COMO UNA RESPUESTA A LA URGENCIA SANITARIA QUE REPRESENTABA LA EPIDEMIA DEL SIDA ENTRE LOS CONSUMIDORES DE DROGAS POR VÍA INTRAVENOSA. CURIOSAMENTE, LA ACEPTACIÓN DE DICHA POLÍTICA HA PRESENTADO MENOS PROBLEMAS EN ESPAÑA QUE EN FRANCIA. EN LOS DOS PAÍSES, LA REDUCCIÓN DE RIESGOS HA CONTRIBUIDO A UN DESCENSO EN EL USO DE JERINGUILLAS PARA CONSUMIR DROGAS, A UN DESCENSO DE LA PREVALENCIA DEL VIH Y A UNA DISMINUCIÓN EN EL NÚMERO DE MUERTES POR SOBREDOSIS ENTRE LOS CONSUMIDORES DE DROGAS POR VÍA INTRAVENOSA. LO QUE RESULTA CURIOSO ES QUE EN FRANCIA LA PREVALENCIA DEL VIH HA DISMINUIDO MUCHO MÁS NOTORIAMENTE QUE EN ESPAÑA, LO CUAL SE PUEDE EXPLICAR PORQUE EL HÁBITO DE COMPARTIR JERINGUILLAS ES MUCHO MAYOR EN ESPAÑA, PORQUE EN ESE PAÍS HABÍA MÁS CONSUMIDORES DE DROGAS INTRAVENOSAS AFECTADOS POR EL VIRUS DEL VIH AL COMIENZO DE LA EPIDEMIA O, QUIZÁ TAMBIÉN, PORQUE EN FRANCIA LOS TRATAMIENTOS

DE SUSTITUCIÓN HAN TENIDO UN IMPACTO MUCHO MAYOR SOBRE EL USO DE JERINGUILLAS EN EL CONSUMO DE DROGAS.

NO OBSTANTE, VOLVAMOS A LOS PRIMEROS AÑOS DE LA LUCHA CONTRA EL SIDA. MUCHOS ESTADOS COMO SUECIA, ESTADOS UNIDOS Y CUBA HAN APLICADO MÁS BIEN POLÍTICAS BASTANTE REPRESIVAS, REPRIMIENDO A LOS CONSUMIDORES DE DROGAS POR VÍA INTRAVENOSA, CERRANDO LAS FRONTERAS A LOS SEROPOSITIVOS, AISLANDO A LOS ENFERMOS E IMPONIENDO EL TEST OBLIGATORIO A LOS GRUPOS MÁS EXPUESTOS. EL PROGRAMA MUNDIAL DE LUCHA CONTRA EL SIDA DE LA ORGANIZACIÓN MUNDIAL DE LA SALUD (OMS) OPTÓ MUY PRONTO POR UNA POLÍTICA ABIERTA DE SANIDAD PÚBLICA HACIENDO HINCAPIÉ SOBRE LOS DERECHOS DE LAS PERSONAS INFECTADAS POR EL VIH. DESDE LA PERSPECTIVA HISTÓRICA, ¿ERA EL PLANTEAMIENTO CORRECTO O SE DEBERÍA HABER ABORDADO DE OTRA MANERA?

Las primeras reacciones de los Estados frente a esta nueva epidemia fueron las típicas de una cierta concepción de la Sanidad Pública, que, por desgracia, no era ni la defensa de los derechos humanos, ni la voluntad de disminuir la vulnerabilidad de los colectivos respecto a ciertos problemas. Desde hace mucho tiempo, los tecnócratas, los médicos y de algún modo también la industria farmacéutica se han hecho con la Sanidad Pública. Se debería hablar más bien de la industria de la salud, que abarca desde los médicos hasta las mutualidades, pasando por las grandes empresas. Se habla del complejo militar-industrial y habría que citar también el complejo médicoindustrial.

En cierto modo, las reacciones reflejas de los gobiernos de establecer cuarentenas y aislar a los enfermos eran las lógicas para la época, ya que no había ningún modelo para hacer frente al sida. Por tanto, se recurrió a las referencias conocidas. La gran epidemia del siglo XX, tal como he indicado anteriormente, era la gripe española. Y para la gripe, el aislamiento y la cuarentena resultaron eficaces. Sin embargo, en los años ochenta, frente al sida, primero se deberían haber verificado las normas específicas de la Sanidad Pública que se requieren para recurrir a los análisis obligatorios y a la cuarentena y cuestionarse si dichas reglas se aplicaban para encauzar una epidemia como la del VIH. Esas reglas implicaban, por ejemplo, un periodo de incubación de la infección muy breve: no se puede poner en cuarentena de por vida a 40 millones de personas. Además, había que asegurarse de que se podía tratar la enfermedad durante la cuarentena. En las conversaciones que mantuve con jefes de Estado y políticos que reclamaban el cierre de las fronteras o análisis médicos generalizados, siempre adopté un punto de vista muy pragmático. Les decía: "Tomemos su país o esta ciudad, y apliquemos su programa". Pasábamos revista a cada etapa y, hasta la fecha, la conclusión final de dichas conversaciones era siempre la misma: "A fin de cuentas, no resulta práctico, va a costar una fortuna y el impacto sobre la epidemia será mínimo". Creo que si Cuba tiene una tasa de epidemia tan baja, no se debe sólo a que las autoridades controlan la vida de los cubanos, sino también a que es una isla en la que se aplicaba la cuarentena a las personas que regresaban de Angola y de otros países africanos. Ello ha contribuido sin duda a disminuir la expansión del VIH en un principio; pero una vez que el virus se ha instalado en la población, ¿qué podemos hacer? Los cubanos lo han entendido y han renunciado a esa política de aislamiento para dar prioridad a la prevención.

Por otro lado, a veces hemos sido demasiado liberales. Ha habido, por ejemplo, movimientos dentro de la comunidad gay, sobre todo en los Países Bajos, muy opuestos a las pruebas del VIH, y sabemos que las pruebas son un elemento fundamental para la prevención. Hoy en día presentamos el test voluntario como una estrategia para acceder al tratamiento. Sin embargo, incluso sin ninguna posibilidad de tratamiento, las pruebas voluntarias provocan un cambio positivo de actitud y comportamiento. No es ninguna casualidad que Uganda, donde la epidemia ha perdido fuerza de forma significativa, sea el país en vías de desarrollo con la proporción más elevada de personas que se han sometido al test. Durante mucho tiempo, se ha querido evitar un verdadero debate sobre la tensión entre los derechos del individuo y la protección de los derechos de la sociedad. Este debate estaba completamente dominado por el enfoque americano, que considera los derechos del individuo como absolutos. Ése no ha sido sin embargo el enfoque adoptado por la Sanidad Pública en Europa, donde el sentido de comunidad está mucho más desarrollado y donde domina un cierto pragmatismo. Dichos debates han tenido lugar, por ejemplo, con motivo del cierre de saunas en San Francisco. Había quienes se sentían ofendidos porque consideraban que se atacaba a un símbolo de la liberación gay y defendían su libertad y su derecho a infectarse. Pienso que siempre hay que mantener un debate abierto con todos los agentes, pero que no hay que dudar a la hora de tomar medidas, que no tienen por qué ser necesariamente políticamente correctas. Estoy convencido de que si el sida hiciera su aparición en la actualidad, en un contexto en el que en Estados Unidos los derechos del individuo están menos protegidos y toda la cultura gay está a la defensiva, se abordaría la epidemia con un enfoque completamente distinto. En las últimas elecciones celebradas en los Estados Unidos, se ha constatado que una gran mayoría de la población americana se muestra en contra de la igualdad de derechos para las minorías sexuales. Antes la sociedad estaba mucho más dividida. En ese aspecto no se ha avanzado y eso me ha sorprendido profundamente. La historia del sida, por tanto, ha de ser reubicada en su contexto histórico, sin el cual no pueden entenderse las reacciones que suscita. Por eso no quiero juzgar: ¿era el planteamiento acertado o no? Probablemente habría unos cincuenta factores diferentes con respecto a la situación actual. No sólo en el ámbito de conocimientos científicos, sino también en el del clima social.

A PESAR DE LOS ESFUERZOS DE LA OMS, HA HABIDO UNA GRAN DISPARIDAD Y DIVISIÓN EN LOS PLANTEAMIENTOS NACIONALES FRENTE A LA NUEVA EPIDEMIA Y DURANTE AÑOS NO SE HA CONSEGUIDO PROVOCAR UNA REACCIÓN A ESCALA MUNDIAL.

Durante la fase de expansión rápida del sida, no había más que una vaga percepción de la globalización y de la nueva geopolítica de las sociedades humanas en la que las fronteras devenían comunes; los especialistas de la Asociación por la Tasación de las Transacciones y por la Ayuda a los Ciudadanos (ATTAC) aún no habían hecho su aparición. En la actualidad, la globalización ha dejado de ser un vago concepto económico y se ha convertido en una realidad social, sanitaria y política que incumbe a todo el mundo. La concienciación sobre la globalización de los riesgos ha creado un nuevo estado de espíritu. En concreto, ha permitido aumentar considerablemente la financiación de la lucha contra el sida. En enero del año 2000, Richard Holdbrooke, por aquel entonces embajador de los Estados Unidos en las Naciones Unidas, y yo conseguimos incorporar el sida en la agenda del Consejo de Seguridad de las Naciones Unidas. Por vez primera, logramos ampliar el concepto de seguridad. Hasta hace cinco años, dicho concepto giraba en torno a las nociones de guerra, paz y agresión exterior. Si se lee detenidamente el último informe del Grupo de Alto Nivel sobre las Amenazas, los Desafíos y el Cambio*, encargado de hacer recomendaciones al Consejo de las Naciones Unidas sobre una reforma de la Organización de las Naciones Unidas y del

Consejo de Seguridad, el concepto que se ha desarrollado es el de "seguridad humana". Todos los factores que amenazan la estabilidad de un país son considerados como una amenaza para la paz y la seguridad. Entre las recomendaciones del último informe hay un importante capítulo sobre la pobreza, las enfermedades infecciosas y la degradación del medio ambiente, y una buena parte del texto está dedicada al sida. Antes, nunca se habrían mencionado las enfermedades infecciosas en los informes sobre seguridad. El sida ha jugado un papel pionero en la ampliación de dicha noción. La manera en que percibimos el mundo y el contexto político y social han cambiado mucho. Por tanto, la respuesta al sida tiene que encajar en este nuevo contexto histórico, en el que se puede exigir una respuesta coordinada y solidaria.

¿CÓMO SE PUEDE EXPLICAR LA FALTA DE UNA REACCIÓN FIRME FRENTE A LA EXPANSIÓN DE LA EPIDEMIA DEL VIH POR PARTE DE LOS GOBIERNOS E INCLUSO DE LA SOCIEDAD CIVIL A FINALES DE LOS OCHENTA Y PRINCIPIOS DE LOS NOVENTA? PARECE QUE DESDE QUE EUROPA Y LOS ESTADOS UNIDOS SE DIERON CUENTA DE QUE LA EPIDEMIA NO AFECTARÍA A LAS AMAS DE CASA DE 50 AÑOS, LA MOVILIZACIÓN MUNDIAL SE HA PERDIDO EN UN MAR DE DECLARACIONES, SIN PREOCUPARSE REALMENTE POR LA SUERTE DE ÁFRICA, EL CONTINENTE MÁS PERJUDICADO ACTUALMENTE. ¿NO SE HAN PERDIDO UNOS AÑOS MUY IMPORTANTES PARA EL CONTROL DE LA INFECCIÓN?

Hemos perdido más de diez años. En Uganda, un país pionero en África, el programa de prevención del VIH no comenzó hasta finales de los ochenta. Incluso las grandes organizaciones internacionales de la sociedad civil como Médicos Sin Fronteras, Oxfam o la Cruz Roja no se ocupaban del sida; su misión era humanitaria, lo cual, para ellos, no incluía el sida. Muchos movimientos activistas de los países del Norte no mostraban demasiado interés por la suerte de las personas infectadas en los países del Sur. La demora en las respuestas nacionales ha provocado millones de muertos.

Han tenido que pasar muchos años para que se reconociera la existencia misma de la epidemia. No olvidemos que los primeros estudios científicos sobre la presencia del virus en África estaban asociados al racismo y al colonialismo, según la mentalidad de los dirigentes. Fueron unos belgas —entre los que me encuentro— quienes dieron a conocer al mundo la presencia del sida en Zaire y Ruanda. En Zambia lo hizo una británica y también hubo varios investigadores aislados, algunos procedentes de Francia o Estados Unidos, que fueron a buscar muestras de sangre, sin contar necesariamente con el beneplácito de las autoridades. El sida tenía además la connotación de la homosexualidad, que en África resulta aún más difícil de aceptar que en Europa. Incluso en 2005, en países como Uganda o Zimbabue aún seguían intentando eliminar cualquier mención a la homosexualidad en los planes estratégicos nacionales contra el sida. El sida se percibía como algo extranjero, importado de los países ricos, y los especialistas como nosotros reforzamos esa impresión inconscientemente. Comparto, por tanto, esa responsabilidad. En aquella época no tenía ni la más mínima idea de lo que era la comunicación política. Hemos hecho mucho daño sin querer, nosotros que fuimos los pioneros en el estudio del sida en África. Desde un principio deberíamos haber forjado alianzas, haber hecho uso de las instancias políticas para provocar que la asunción del problema por parte de las naciones fuera mucho más sólida. Entonces no me daba cuenta de la dimensión política del fantasma sexual entre negros y blancos, que era algo que también había que tener en cuenta.

En Europa también hubo al principio muchas dudas y dificultades por el hecho de asociar el sida con la homosexualidad y las drogas. Los gobiernos no querían encargarse de él. Las reacciones de los círculos gays eran paradójicas. Por un lado, dichos movimientos decían: "es propiedad nuestra, es nuestro: no lo toquéis", pero por otro lado decían: "no se debe cuestionar nuestro estilo de vida, ni señalarnos con el dedo, el sida no es una enfermedad de homosexuales." Sin embargo, después de varios años de vacilaciones, en Europa Occidental las respuestas llegaron de la mano de los gobiernos y las asociaciones, mientras que en Estados Unidos fueron principalmente las comunidades gays quienes tomaron la iniciativa. Tanto en Europa como en Estados Unidos, los fondos públicos asignados a los programas de prevención y tratamiento fueron bastante importantes en relación con el número de infectados por el VIH y el sida, y esos casos se concentraban todavía en los grupos con comportamientos de riesgo como los gays y los toxicómanos. Fueron los primeros indicios de la industria del sida, con subsidios a veces muy generosos para las asociaciones, pequeños comités, teléfonos de la esperanza, etc. Todo ello ha dado resultados, aunque nunca sabremos con certeza de qué magnitud, porque no nos encontrábamos en el caso de un ejemplo de un test clínico con un grupo de control. Si observamos la situación actual de la epidemia en Europa, las cifras siguen siendo inquietantes. En 2005, de los más de 24.000 nuevos casos de sida detectados en la Europa de los 25, más de la mitad se ha producido a través de la transmisión heterosexual, una tercera parte por transmisión homosexual y un 10 por ciento a través de la inyección de drogas por vía intravenosa. En estas cifras se excluye a España e Italia, que no disponen de un sistema nacional de vigilancia del VIH. El número de casos declarados ha aumentado particularmente en el Reino Unido y en Portugal. Casi la mitad de las infecciones del VIH transmitidas por vía heterosexual se han diagnosticado entre los inmigrantes, habiéndose producido el contagio fuera de la Unión Europea. Por lo tanto, los hombres homosexuales constituyen el grupo más vulnerable al VIH en el norte de Europa, mientras que, en el sur, los consumidores de drogas por vía intravenosa constituyen el grupo más importante. En general, la envergadura de los problemas ha sido menor en Europa que en Estados Unidos, pero eso sucede con todo lo relacionado con el sexo; por ejemplo, con la frecuencia de embarazos de adolescentes o las infecciones transmitidas sexualmente, que, hasta hace poco, eran 10 veces más elevadas en Estados Unidos que en Europa.

DESDE 1996, EL NÚMERO DE NUEVOS CASOS DE SIDA HA DISMINUIDO EN EUROPA OCCIDENTAL, DEBIDO EN PARTE A LOS EFECTOS DE LOS PROGRAMAS DE PREVENCIÓN Y, SOBRE TODO, DE REDUCCIÓN DE RIESGOS, COMO EL INTERCAMBIO DE JERINGUILLAS, GRACIAS A LA MOVILIZACIÓN DE LAS COMUNIDADES MÁS AFECTADAS, PERO TAMBIÉN GRACIAS A LAS NUEVAS TERAPIAS.

Ello se debe probablemente a una combinación de factores. Por un lado, al activismo gay, ya que estaba en juego la supervivencia de una comunidad que presentaba entonces unas tasas muy altas de infección del VIH, entre un 30 por ciento y un 40 por ciento en ciudades como París o Ámsterdam, las mismas que tiene hoy en día Botsuana o en Suazilandia. Fue una época en la que se perdieron muchos amigos. Por otro lado, ha aparecido una nueva generación de médicos preocupados por la salud pública. Los intelectuales del sistema —jefes de servicio, especialistas en virología y clínicos, todos ellos en la cumbre de sus carreras— no se interesaban por el sida y no sabían cómo abordar esta nueva epidemia. Por el contrario, otros médicos más jóvenes, de los cuales yo formaba parte, se encontraron con un reto científico, biológico y social. Esa nueva alianza de pacientes, activistas y médicos ejerció una gran presión sobre el poder político, finalmente bastante abierto.

POR EL CONTRARIO, LAS PRIMERAS REACCIONES GUBERNAMENTALES EN ÁFRICA RESPECTO A LA EPIDEMIA HAN SIDO, EN GENERAL, MUY NEGATIVAS, MUY A LA DEFENSIVA. LOS MÉDICOS, LOS PERIODISTAS Y LOS POLÍTICOS NEGABAN LA EXISTENCIA DEL VIH, LOS MINISTERIOS DE SANIDAD PRACTICABAN LA POLÍTICA DEL SECRETO, EL CUESTIONAMIENTO DE LOS INVESTIGADORES, A QUIENES SE ACUSABA DE TODOS LOS MALES.

África ha tenido que enfrentarse a muchísimos problemas: otro tipo de enfermedades parasitarias e infecciosas, la pobreza, las hambrunas, la inseguridad, las guerras civiles o las guerras de liberación, como la de Mozambique. Sudáfrica vivía todavía bajo el yugo del *apartheid*. La cooperación internacional era todavía la continuación del colonialismo. En ocasiones, con mucho cinismo. Me acuerdo de que en Kinshasa varios médicos belgas trataban todos los días a gente que moría de sida y no se planteaban cuál podría ser la causa. Resultaba asombroso ver la falta de reacción mostrada por esos médicos cooperantes, con algunas excepciones. Ahora, con la llegada de una nueva generación, todo eso ha cambiado, pero durante la década de los ochenta muchos de los que se encargaban de gestionar la cooperación procedían todavía de la administración colonial. Sin embargo, la década de los noventa ha sido muy distinta, con los escandinavos y los holandeses, que han sido los pioneros en nuevas fórmulas de cooperación y de políticas de desarrollo.

Sobre los políticos africanos de la época (presidentes, jefes de gobierno) también recae una gran parte de la responsabilidad por la falta de reacción ante la epidemia. Gobernar es prever, significa hacer frente rápidamente a los problemas en los cuales se puede intervenir. Habían sido mal asesorados y se enfrentaban a una información difusa, contradictoria, y con datos epidemiológicos poco comprensibles. El sida estaba aún muy medicalizado; la epidemia se dejaba en manos de los médicos y los Ministros de Sanidad. Esos ministros eran a menudo académicos, profesores que habían salido de sus facultades, especialistas en investigación o en medicina clínica, y estaban muy poco preparados para enfrentarse a una epidemia en plena expansión, asociada a la sexualidad. La comunidad internacional habría debido aportar argumentos completamente diferentes. En lugar de decir "muchísima gente morirá, es un escándalo y ustedes no hacen nada", se debería haber hablado de economía y seguridad. Cuando me nombraron director de ONU-SIDA en 1995, uno de mis objetivos prioritarios, además de movilizar los recursos financieros, fue incorporar el sida a la agenda política y, para ello, redefinir la enfermedad como un problema económico, social y de seguridad. Por supuesto que los análisis económicos no solucionan todo. A menudo, los líderes políticos reaccionan antes en función de su experiencia y sus sentimientos que de una manera racional, pero se debió plantear el problema del sida de un modo diferente.

NOTAS

* (http://www.un.org/spanish/secureworld/ index.html).

LAS PRIMERAS RESPUESTAS A LA EPIDEMIA

El programa global del sida de la Organización Mundial de la Salud (OMS) como factor externo · Aprehender el sida de otra forma · Respuestas nacionales medicalizadas · Los Estados frente a la sexualidad · La dinámica de las epidemias

El Programa Global del Sida de la OMS —el GPA—, puesto en marcha finalmente en 1986, probablemente ha contribuido de forma involuntaria a que la lucha contra el sida no se haya integrado dentro de los programas sanitarios de los países del sur. Se han enviado cientos de asesores urgentemente a decenas de países con el fin de ayudar en el desarrollo de los planes nacionales de lucha contra el sida, lo cual no ha facilitado la asunción de la problemática del sida entre las políticas nacionales.

Se puede criticar a posteriori el programa pero, a mi entender, la respuesta internacional ha sido relativamente rápida si tenemos en cuenta que los primeros artículos científicos sobre la epidemia del sida en África fueron publicados en 1984. En aquella época nadie se imaginaba que la epidemia llegaría a alcanzar semejante amplitud. La lucha contra el sida quizá se ha tratado demasiado desde el exterior, con un único plan estratégico para todos los países. Los gobiernos asumieron esa situación algo rígida, porque dicho plan de lucha venía junto a un presupuesto. Todo ello también ha cambiado y muchos países en vías de desarrollo son ahora mucho más críticos en todo lo relacionado con la ayuda exterior. Me acuerdo, asimismo, de cómo llegaban a mi oficina de Nairobi los primeros especialistas del GPA con su experiencia en los países con renta alta, una experiencia a menudo relacionada con la comunidad gay y a veces muy poco ajustada a la realidad africana, lo cual reforzaba esa imagen del sida como algo occidental y exterior. Lo vimos más tarde, en 1993-1994, cuando los fondos internacionales asignados a la financiación de los programas nacionales para la lucha contra el sida se agotaron y dichos programas se desmoronaron, ya que no había ningún tipo de financiación propia en los países. Se trató el sida como una operación urgente, con un despliegue casi militar. Como un "derecho de intervención", según la fórmula de Bernard Kouchner. Lo cual tenía un lado positivo y necesario. Sin embargo, hasta que los países no perciben el sida como un problema propio, apenas se obtienen resultados.

EN AQUELLA ÉPOCA TODAVÍA EXISTÍA UN ENORME PAVOR AL SIDA, UN PÁNICO CASI MUNDIAL. TODO EL MUNDO SE SENTÍA "EN PELIGRO". ¿NO HA CONTRIBURIDO EL GPA A ALIMENTAR ESE MIEDO ACTUANDO CON EXTREMA URGENCIA?

Frente a una epidemia fuera de lo común, la más mortífera de la reciente historia de la humanidad, era necesario crear un sentimiento de urgencia y provocar algo dramático. Es ahí donde la carismática personalidad de Jonathan Mann, primer director del GPA, desempeñó un papel fundamental. Uno de sus grandes méritos fue lograr sacar al sida del coto de la Sanidad Pública clásica. Pudo, asimismo, evitar que el sida se convirtiera en una enfermedad como las demás, como la tuberculosis o la malaria, y ello a pesar de que dicho programa del GPA se basaba en la OMS. De no haberlo hecho, habría significado la muerte súbita de un vasto movimiento que, con el tiempo, ha sido capaz de llegar a ser mucho más extenso. Para ello había que provocar a la opinión pública, atraer a los medios de comunicación, llamar la atención de la sociedad civil y aprovechar las nuevas tecnologías de la comunicación. Jonathan Mann lo entendió admirablemente y su papel resultó fundamental.

A PESAR DE LOS ESFUERZOS DE JONATHAN MANN Y EL GPA, LOS PROGRAMAS PARA EL SIDA EN LOS PAÍSES HAN PERMANECIDO MUY MEDICALIZADOS DURANTE MUCHOS AÑOS: HABÍA ALGUNOS EPIDEMIÓLOGOS TRABAJANDO PARA LOS MINISTERIOS DE SANIDAD, Y SE DABA PRIORIDAD A LOS LABORATORIOS Y A LOS ANÁLISIS MÉDICOS, A LA INFORMACIÓN EN LOS CENTROS SANITARIOS Y AL SUMINISTRO —A MENUDO IRREGULAR— DE PRESERVATIVOS.

Era lógico arraigar esos programas para la lucha contra el sida en los ministerios de Sanidad, con la esperanza de conseguir una progresiva integración en las infraestructuras sanitarias locales. Sin embargo, los programas para el sida se han quedado apartados, a menudo aislados e incluso se les ha tenido envidia, puesto que contaban con vehículos y un presupuesto. No se pudo evitar una fuerte medicalización de la epidemia durante los primeros años. Un fenómeno que, por cierto, podría volver a aparecer con los programas de acceso a los tratamientos fomentados en los países por el Fondo Mundial de Lucha contra el sida, la Tuberculosis y la Malaria. Sin embargo, en los países del Tercer Mundo, los Ministerios de Sanidad tienen, en general, poco peso en los gobiernos. En Occidente, el ministro de Sanidad y Seguridad Social es a menudo quien tiene el presupuesto más elevado. En los países con renta baja, la Sanidad está considerada como una carga fiscal. La Seguridad Social, si la hay, es escasa; sólo hay costes y gastos. Es imprescindible asociar estos ministerios a la lucha contra el sida, pero, por lo general, no serán ellos quienes aporten las estrategias básicas que deberían implicar a todos los sectores de la sociedad.

¿NO SE TENÍA, ADEMÁS, LA IDEA DE QUE EL ESTADO SÍMPLEMENTE NO PODÍA HACER GRAN COSA? NO PUEDE ESTAR PRESENTE EN LAS ALCOBAS, LA SEXUALIDAD ES UN ÁMBITO PRIVADO. DESPUÉS DE TODO, ¿ESTÁ EN SUS MANOS DISMINUIR LA EXPANSIÓN DE LA EPIDEMIA Y CAMBIAR LOS COMPORTAMIENTOS SEXUALES?

Ese argumento no es del todo convincente, porque, sobre todo en aquella época, el Estado intervenía en todos los ámbitos. Eran todavía los tiempos de los presidentes vitalicios y las dictaduras militares, lo cual se da menos hoy en día: veo mucha más democracia en África que a finales de los ochenta. Lo que sigue igual es que tanto los directores de los programas como los especialistas no venían con las soluciones en la mano. Llegaban con un gran problema sin solución. En aquella época, aún no había habido tiempo de evaluar las intervenciones realizadas. Se proponían muchas estrategias sin tener conocimiento en realidad de qué era lo que podía ocasionar cambios en el comportamiento o provocar un impacto sobre la epidemia. Ahora bien, si yo soy el jefe de un Estado y tengo que decidir cómo distribuir los recursos públicos, querré invertir allá donde consiga el mayor impacto. Ese argumento es probablemente válido desde el punto de vista histórico para África central. Pero tratándose de África Austral y Oriental, la Europa del Este o Asia, los líderes políticos no pueden utilizar este argumento para justificar su pasividad. Ya no pueden decir: "no sabíamos que el VIH podía desarrollarse tan rápidamente y alcanzar semejante amplitud". No hay que olvidar que en Sudáfrica, durante la década de los noventa, la tasa de prevalencia del VIH en la población general mostraba porcentajes muy bajos. Y los dirigentes ya sabían lo que estaba pasando en Ruanda, Uganda o Zambia.

PRECISAMENTE, ¿CÓMO SE EXPLICA LO QUE HA PASADO EN SUDÁFRICA O EN EUROPA DEL ESTE? ¿CÓMO SE EXPLICA QUE LA EPIDEMIA DEL VIH, CON TASAS CASI INSIGINIFICANTES DURANTE MUCHO TIEMPO, SE HAYA DESARROLLADO DE REPENTE EN UNOS POCOS AÑOS TRAS UNOS CUANTOS CAMBIOS POLÍTICOS Y SOCIALES? A VECES, TENEMOS LA IMPRESIÓN DE QUE HAY UN UMBRAL CRÍTICO Y QUE, UNA VEZ SUPERADO ÉSTE, SE PRODUCE UNA ACELERACIÓN SÚBITA.

Tú también has trabajado con situaciones de ese tipo y las explicaciones que se pueden dar no son completamente satisfactorias. El sida no es un fenómeno estadístico con una distribución normal en la sociedad. Progresa por oleadas epidémicas, que van vinculadas a la introducción del virus en subpoblaciones. Y, o arraiga y la epidemia progresa muy rápidamente, o no arraiga. Existe, además, una especie de combinación de vectores, es decir, en el sentido matemático del término, una serie de elementos que aumentan el riesgo. Cada vector aumenta el riesgo, digamos en un 5 por ciento, sin embargo, cuando existen diez vectores con las mismas características, se produce una explosión. En Europa del Este, la droga ha actuado como catalizador, como una enzima. La epidemia del VIH se ha desarrollado paralelamente junto con una epidemia de consumo de heroína compartiendo jeringuillas. Sin embargo, si el virus se hubiera introducido en una sociedad en la que la gente no tiene muchas parejas sexuales, no hay enfermedades de transmisión sexual, ni se consumen drogas, evidentemente la epidemia progresaría mucho más despacio.

En la región ecuatoriana, en el antiguo Zaire, castigado duramente por el virus del Ébola, medimos retrospectivamente la prevalencia de la infección del VIH entre la población rural en muestras de sangre recogidas desde 1976. Detectamos un 0,6 por ciento de infección de VIH. Diez años más tarde, volvimos a repetir la investigación con la misma población, y la tasa era de un 0,8 por ciento. Por tanto, no había diferencias significativas. Volvimos a encontrarnos con algunos que, infectados por el virus, habían sobrevivido. El principal factor de riesgo para estar infectado era haber viajado. Cosa rara en esa población que vivía en autarquía debido a la dificultad de transporte que existía: para recorrer 100 kilómetros necesitaba un día entero. Los restantes factores de riesgo eran bastante menos significativos, ya que el control social sobre las relaciones sexuales en estas pequeñas aldeas es muy estricto. Esto es un ejemplo del equilibrio dinámico entre las personas recién infectadas y las personas que mueren de sida. Dicho equilibrio, que duraba desde hacía ya 10 años, probablemente se pueda prolongar de forma indefinida. Otros estudios realizados en Senegal o Ruanda han demostrado una situación similar, típica del medio rural. Por el contrario, en una gran ciudad como Nueva York, una persona infectada puede ir a bares, saunas u otro tipo de lugares de encuentro, puede inyectarse droga con facilidad e infectar rápidamente, sin saberlo, a mucha gente.

La epidemiología clásica probablemente no llegará a identificar eso que yo llamo vectores o factores determinantes; le costará mucho analizar la complejidad de las múltiples probabilidades de infección y la suma de todos los elementos. El sueño de un epidemiólogo sería tener una lista con cincuenta factores determinantes, realizar una profunda investigación, aplicar una fórmula matemática y decir: en esta sociedad se va a declarar una gran epidemia en los próximos cinco años. Una especie de escala Richter para el sida. Y la base de la ecuación, sería, por supuesto, la exposición al riesgo sexual. En las sociedades muy controladas como Oriente Medio o Singapur, el riesgo es muy bajo, ya lo sabemos. En India, en algunos distritos la tasa de prevalencia del VIH es ya del 4 al 5 por ciento, mientras que en otros la epidemia es apenas perceptible. Apenas se han realizado investigaciones a fondo sobre la dinámica de la transmisión del VIH en ese continente. Por supuesto, se ha analizado el comportamiento de los camioneros o el de las prostitutas, pero los esquemas que se centran en grupos de alto riesgo son ciertamente demasiados simplistas. Las redes sexuales son mucho más complicadas.

LA PREVENCIÓN FRENTE A LAS IDEOLOGÍAS

UNA PREVENCIÓN BASADA EN LOS DERECHOS DE LA PERSONA · UNA AMPLIA RESPUESTA PARA LUCHAR CONTRA LA EPIDEMIA · CAMBIAR LAS NORMAS SEXUALES · LA EFICACIA DE LA PREVENCIÓN FRENTE A LAS IDEOLOGÍAS · LA COMUNICACIÓN POLÍTICA SOBRE EL SIDA

DURANTE LOS PRIMEROS AÑOS DEL GPA, SU DIRECTOR, JONATHAN MANN, PONÍA ESPECIAL ÉNFASIS EN LOS DERECHOS HUMANOS Y EN EL PAPEL DE LA EDUCACIÓN INDIVIDUAL, CON LA ESPERANZA DE QUE UNA PERSONA RAZONABLE QUE RECIBIERA LA INFORMACIÓN ADECUADA, MODIFICARÍA SU COMPORTAMIENTO PARA EVITAR LOS RIESGOS DE INFECCIÓN. ESTE ENFOQUE, MÁS BIEN PSICOSOCIAL, HA EVOLUCIONADO CON EL TIEMPO.

Yo no estoy convencido de que la violación de los derechos humanos como base de aprehensión de la epidemia del sida sea el único análisis correcto: nunca he estado de acuerdo con Jonathan Mann en esta cuestión. Es un elemento que interviene sobre todo cuando se trata de combatir la estigmatización y la discriminación de las personas que viven con el VIH, y que aumenta la vulnerabilidad de las personas con comportamientos de riesgo. Sin embargo, más allá de la perspectiva individual, los factores económicos, sociales y de desarrollo son elementos críticos para aprehender la naturaleza de la epidemia del VIH.

Muy pocos agentes de los que trabajan en la prevención del VIH han creído que los enfoques psicosociales individuales serían eficaces. Eso era ignorar que, a la vez que somos individuos con nuestras características personales, también formamos parte de una sociedad como miembros de comunidades enfrentados a situaciones concretas. Para cualquier proyecto social de gran envergadura como la lucha contra el sida, hay que ejercer influencia en esos dos aspectos simultáneamente. Por ello, hemos querido destacar la vulnerabilidad de las personas y de las situaciones. Una mujer que haya recibido información sobre los peligros del sida, puede decidir recurrir a la abstinencia sexual con el fin de evitar la infección, pero, si vive bajo un estricto régimen patrilineal o en un entorno violento, en el que los hombres imponen su sexualidad, sus opciones son muy limitadas. Una madre sola con sus hijos, cuyo marido ha fallecido de sida y sin ninguna propiedad porque la familia del marido se ha apoderado de todo, vive al día, en ciclos de 24 horas. ¿Dónde encontrar comida para que ella y sus hijos puedan alimentarse la tarde del día siguiente? Si se ve en la situación de tener que vender su única propiedad, su cuerpo, los programas de prevención que recomiendan la fidelidad y la abstinencia resultan demasiado simplistas. ¿Se puede incluso llamar sexualidad a un acto cuyo único objetivo es obtener algo de dinero? He mantenido muchos debates sobre los preservativos con teólogos y responsables de la Iglesia católica. La Iglesia se muestra, en principio, en contra del uso del preservativo en el marco de la planificación familiar porque Dios creó la sexualidad para la procreación. Sin embargo, algunos teólogos y obispos señalan que el caso del preservativo utilizado para la prevención del VIH es distinto: se trata de evitar la transmisión de la muerte. El principal valor moral ha de ser preservar la vida.

EFECTIVAMENTE, HAY VARIOS ENFOQUES POSIBLES PARA CONTROLAR EL VIH. LA ESTRATEGIA DE ONUSIDA PARA LA LUCHA CONTRA LA INFECCIÓN SE BASA EN LO QUE LLAMAMOS UNA RESPUESTA AMPLIADA. CONSISTE EN TENER EN CUENTA LA VULNERABILIDAD DE LAS SOCIEDADES Y GRUPOS FRENTE AL VIRUS; TENER EN CUENTA LA LIMITACIÓN DE OPCIONES QUE TIENEN MUCHAS PERSONAS PARA PROTEGERSE DE LOS RIESGOS DE INFECCIÓN, TAL COMO HA MENCIONADO. ESTE ENFOQUE TIENDE A ALEJARSE DE LAS RESPUESTAS SIMPLES DE REDUCCIÓN DE RIESGOS, TALES COMO EL TRATAMIENTO DE LAS INFECCIONES TRANSMITIDAS SEXUALMENTE, PROMOVER EL USO DEL PRESERVATIVO, REDUCCIÓN DEL NÚMERO DE PAREJAS SEXUALES O LA ABSTINENCIA SEXUAL. PERO ESE CONCEPTO DE RESPUESTA AMPLIA QUE PRETENDE TENER EN CUENTA LOS DETERMINANTES SOCIALES Y ECONÓMICOS DE LA EPIDEMIA COMO LAS DESIGUALDADES SEXUALES ENTRE HOMBRES Y MUJERES Y LA POBREZA ¿NO RESULTA DEMASIADO EXTENSO Y VAGO?

No se pueden llevar a cabo intervenciones en una sociedad sin tener en cuenta el contexto social y económico. Es una cuestión de sentido común que, sin embargo, a menudo no se respeta. Para desarrollar un programa a escala nacional, hay que aprovechar los recursos humanos en todos los ámbitos. No podemos contar únicamente con el personal de los hospitales y los servicios sanitarios. El enfoque amplio y multisectorial tiene como objetivo ampliar la base de los recursos. Se trata de incluir a los grupos de jóvenes, movimientos feministas, sindicatos y empresas a través de una gran movilización. Cuando algo ha fracasado es porque no hemos logrado transformar esas ideas en un programa concreto que vaya más allá del encantamiento y los eslóganes. Ésa es una de mis grandes frustraciones. En cada país hay que establecer un repertorio de medidas concretas. Tomemos como ejemplo el sector de la educación. Si nos hemos puesto de acuerdo sobre la necesidad de empezar la educación sexual a una edad precoz, hay que estar en condiciones de proponer inmediatamente medios para aplicar ese programa a los más jóvenes. Tenemos demasiada tendencia a presentar elegantemente los problemas sin dar las soluciones. Piensa en el caso de los problemas de género, en la subordinación de la mujer en muchas sociedades. Es un factor muy importante para la transmisión del VIH, pero, ¿dónde están los programas concretos para abordar esas cuestiones?

Los programas basados únicamente en la reducción de los riesgos, como el fomento de la abstinencia sexual, la disminución del número de parejas sexuales o el uso del preservativo no pueden dar resultados significativos si no ampliamos esas intervenciones a la implicación de los hombres y al ámbito de las normas sexuales. Yo no veo otra forma de hacerlo. En algunos contextos específicos es posible aplicar las intervenciones centradas en comportamientos simples. En Tailandia, por ejemplo, donde la epidemia del VIH estaba muy relacionada con una prostitución femenina muy institucionalizada, un programa nacional que tenía por objetivo que se utilizara el preservativo en el 100 por ciento de las relaciones mantenidas en los establecimientos permitió reducir considerablemente el número de nuevos infectados entre los clientes y las prostitutas. Sin embargo, desde hace algunos años, muchas infecciones se producen fuera del ámbito de la prostitución organizada, en bares, restaurantes o lugares de encuentro informales, en los que resulta mucho más complicado intervenir con medidas simples. Hay que volver a cuestionarse las relaciones entre hombres y mujeres, así como las normas de la sociedad. Asimismo, en África, donde la epidemia está generalizada, tendrán que cambiar tanto las normas sexuales como las sociales. Las relaciones sexuales entre los hombres y las chicas muy jóvenes deberían de ser inaceptables, así como las múltiples parejas sexuales. Hay que llevar a cabo un control social sobre los hombres. Por otro lado, se están produciendo grandes cambios, por ejemplo en Sudáfrica. Siempre se ha hablado de problemas con el Gobierno sudafricano, que son reales, pero cuando veo lo que está sucediendo en ese país, me quedo impresionado con la enorme ebullición social y política. Lo que hacen las empresas, los sindicatos, las iglesias, el Ministerio de Educación y las asociaciones en materia de educación y cuidados relacionados con el sida es un extraordinario ejemplo de la práctica multisectorial en la sociedad y no necesariamente en el ámbito gubernamental.

En general, todavía no hemos conseguido responder al reto de ser muy concretos, probablemente por temor a ser demasiado prescriptivos. Sabemos qué es lo que hay que hacer en el ámbito sanitario. En el ámbito de la educación se pueden establecer programas concretos con objetivos realistas: con doce años todos los niños tienen que saber cómo se transmite el VIH y qué medios hay para protegerse. Hay que adaptar la legislación dentro del Ministerio de Justicia para poder luchar contra la discriminación, establecer programas en los lugares de trabajo y movilizar a los movimientos de mujeres y jóvenes. Se puede realizar una propuesta muy concreta y luego esforzarse por encontrar los medios de financiación. Sin embargo, en muchos países, el concepto de respuesta amplia es interpretado por el Ministerio de Sanidad como algo consistente en distribuir algo de dinero a otros ministerios, que entonces intentan dedicarse a la Sanidad y jugar a los médicos. Y sin embargo, en casi todos los países, la gestión de la lucha contra el sida está, desde hace unos cuantos años, en manos de un comité multisectorial bajo la autoridad de la presidencia o del primer ministro. Pero las disputas por la influencia entre los ministerios continúan de manera más o menos abierta. Con la presión que ejercemos en relación con el acceso a los tratamientos antirretrovirales para millones de personas que lo necesitan y con las nuevas financiaciones que ya se realizan gracias al Fondo Mundial y a los programas de urgencia de Estados Unidos, nos arriesgamos a que los Ministerios de Sanidad se tomen la revancha, con todos los peligros que ello conllevaría para los programas de prevención. El acceso a los tratamientos, generalizado en Europa Occidental y en Estados Unidos, no ha logrado disminuir el número de nuevas infecciones desde hace varios años. La comunicación a través de los medios de comunicación de masas sigue siendo un aspecto extremadamente descuidado. El personal sanitario a menudo no tiene ni idea de cómo trabajar con los medios de comunicación modernos o tradicionales. Y, sin embargo, resulta fundamental. Los medios de comunicación pueden salvar muchas más vidas que los médicos. En el mundo del sida, el silencio mata. Los medios de comunicación pueden sacar la enfermedad de la oscuridad y animar a la gente a que hablen de ella abiertamente y bien informados. Ha habido iniciativas pioneras: la campaña multimedia de MTV "Staying alive" ("Seguir vivo"), lanzada por Hill Roedy, ONUSIDA y otros muchos colaboradores en el 2002 llegó a más de 800 millones de hogares. Hasta el año pasado no fue posible retomar las grandes iniciativas en los medios de comunicación a través del programa "Los medios de comunicación contra el sida" puesto en marcha por Kofi Annan, secretario general de la ONU. Veintidós presidentes de las empresas de comunicación más importantes del mundo se comprometieron a cooperar con ONUSIDA, el Programa de las Naciones Unidas para el Desarrollo (PNUD) y varias fundaciones para programar campañas de información y educación sobre el sida.

En este aspecto me pongo en contra de la opinión de mucha gente, porque no siempre se han realizado evaluaciones de dichas campañas y porque no se ha demostrado la relación coste-eficacia. Pero, ¿cómo se puede llevar a cabo una intervención dirigida a las prostitutas y a sus clientes, si nadie cree que el sida existe o si el ambiente general no está a favor de dichas intervenciones? Tenemos problemas metodológicos para evaluar qué es lo que funciona en materia de prevención. Se trata fundamentalmente de los mismos problemas metodológicos que hay para analizar la dinámica de la transmisión del VIH. Hay que dar más importancia a los análisis cualitativos e intentar comprender los cambios de comportamiento y no sólo medirlos de manera cuantitativa. Los fenómenos sociales son complejos, dialécticos y multifactoriales, no siempre se pueden encerrar en una carcasa estadística.

DESDE SU NACIMIENTO, LA EPIDEMIA DEL VIH NO HA DEJADO DE EXPANDIRSE EN EL MUNDO Y HA LLEGADO A AFECTAR A 33 MILLONES DE PERSONAS. DA LA IMPRESIÓN DE QUE LA PREVENCIÓN CLÁSICA NO FUNCIONA Y QUE LOS CAMBIOS DE COMPORTAMIENTO SEXUALES SON MUY DIFÍCILES O MUY LENTOS.

Nuestras expectativas no son realistas. A veces, querríamos que, como por arte de magia, la gente se volviera abstinente, monógama o que utilizara el preservativo sistemáticamente. Si ésa es nuestra expectativa, el resultado será un fracaso, siempre. La prevención será siempre difícil. Y, además, ¿cuántos países en vías de desarrollo han puesto realmente "toda la carne en el asador" en cuanto a la prevención? Muy pocos, sobre todo por falta de medios. Incluso en lo que respecta a la información sobre el VIH, en 32 países donde se han realizado encuestas recientemente, menos de un 30 por ciento de las chicas jóvenes tenían un conocimiento básico sobre los métodos para protegerse del sida. Por lo que hablar del fracaso de la eficacia de los enfoques de prevención no es correcto. Primero, hay que ampliar el campo de actuación de esos programas: ahí está el fracaso. Cambiar las normas de la sexualidad en las sociedades sigue siendo lo más importante. La sexualidad es una construcción social y no solamente biológica. Para mí, el verdadero problema es la manera de llevar a cabo esos programas a gran escala y a largo plazo. Hemos obtenido éxitos asombrosos como los cambios dentro de la comunidad gay en Occidente. A escala nacional, Tailandia, Uganda y varios países del Caribe han experimentado considerables descensos en las cifras de nuevas infecciones. La prioridad inmediata es siempre dirigirse allá donde haya más cantidad de infecciones: a los grupos con comportamientos de mayor riesgo ante el VIH, como las prostitutas y sus clientes, los toxicómanos o los camioneros. El uso del preservativo y el uso de jeringuillas esterilizadas resulta imprescindible. Intervenciones de ese tipo han sido evaluadas ampliamente y no cabe duda de que han dado muy buenos resultados. Sin embargo, a menudo se trata de proyectos limitados sin cobertura nacional. En los lugares en los que el riesgo no ha aflorado a la superficie hay que realizar inversiones a largo plazo que van desde la educación e información para los jóvenes hasta los cambios de las normas sociales o la reducción de las desigualdades socioeconómicas. Si continuamos interviniendo únicamente en determinados sectores de la población, obtendremos resultados en lo tocante a la reducción de riesgos, pero no resolveremos el problema del futuro de la epidemia a escala nacional.

Es impresionante que tras 25 años de experiencia en materia de prevención del VIH, haya todavía muchas controversias sobre las intervenciones más eficaces. Hace poco, Helen Epstein, una periodista de Nueva York, "descubrió" una

VERDAD OCULTADA POR LAS NACIONES UNIDAS: EL PORQUÉ DEL DESCENSO DE LA PREVALENCIA DEL VIH EN UGANDA. SU TREPIDANTE RELATO —AL ESTILO INDIANA JONES— NOS LLEVA AL PIE DE UNA COLINA DONDE SE REFUGIÓ UNA MUJER MAYOR, UNA SOCIÓLOGA QUE HABÍA LLEVADO A CABO UNA INVESTIGACIÓN SOBRE LOS COMPORTAMIENTOS SEXUALES EN UGANDA DESDE 1989 HASTA 1993. LA INVESTIGADORA HABÍA DETERMINADO QUE EL CAMBIO MÁS SIGNIFICATIVO EN CUANTO AL COMPORTAMIENTO SEXUAL ERA LA REDUCCIÓN DEL NÚMERO DE PAREJAS SEXUALES Y NO EL USO DEL PRESERVATIVO. PERO RESULTA QUE EL PROGRAMA MUNDIAL DE LA OMS E INCLUSO YO MISMO HABÍAMOS OCULTADO ESA REALIDAD POR RAZONES IDEOLÓGICAS Y BUROCRÁTICAS. AFORTUNADAMENTE, 15 AÑOS DESPUÉS, EPSTEIN ENCONTRÓ, POR FIN, DE ALGUNA MANERA A SU DR. LIVINGSTONE Y EL PORQUÉ DEL "MISTERIOSO" DESCENSO DE LA PREVALENCIA EN UGANDA.

ASÍ PUES, CON MAYOR O MENOR SERIEDAD, EL CUESTIONAMIENTO PERIÓDICO DE LA PREVENCIÓN NO CESA, YA SEA POR EL FOMENTO DEL USO DE LOS PRESERVATIVOS, POR LA EDUCACIÓN SEXUAL EN EL ÁMBITO ESCOLAR O POR EL INTERCAMBIO DE JERINGUILLAS PARA LOS CONSUMIDORES DE DROGAS POR VÍA INTRAVENOSA. ¿CÓMO REACCIONAR ANTE TALES RESISTENCIAS, TANTO POLÍTICAS COMO MORALES, CUANDO LA EXPERIENCIA HA DEMOSTRADO DESDE HACE MUCHO TIEMPO QUE ESOS PROGRAMAS SON EFICACES?

Yo también me enfrento con las mismas discusiones sobre la estigmatización y discriminación de los grupos más vulnerables. Por desgracia, la política se basa muy poco en la evidencia científica y la experiencia. Hay que continuar, en la medida de lo posible, evaluando de manera sistemática dichos programas y valiéndose de las experiencias positivas de los países, y también hay que darse cuenta de que quienes ponen en tela de juicio, por ejemplo, la eficacia de la educación sexual, no lo hacen basándose en alguna duda sobre su eficacia, sino simplemente porque no quieren hacerlo, porque es algo que no se corresponde con sus valores y con la manera en la que perciben el funcionamiento de la sociedad. Se trata de un enfrentamiento de valores y opiniones sobre lo que tiene que ser el mundo y la sociedad. A veces, eso es el reflejo del miedo que los padres sienten ante la sexualidad de sus hijos y el miedo que toda una sociedad siente por la idea de distribuir jeringuillas a los consumidores de drogas. Una de las grandes plagas del mundo moderno es la dependencia de la droga: lo que llamamos toxicodependencia o toxicomanía —son términos algo extraños—. Se trata de la dependencia química de millones de personas, que acarrea una serie de efectos secundarios y graves consecuencias, ya que a menudo tiene lugar dentro de una esfera de criminalidad. Hay un temor general que no se debe subestimar. No puede haber una sociedad en la que decenas de miles de personas dependen de varias dosis de drogas al día.

Frente a esta tragedia social, muchas políticas se basan en las creencias personales de los que están en el poder, y ésa no es una buena base para crear una política de salud pública. Hace dos años pronuncié un discurso en Viena ante la Comisión de Estupefacientes, la más alta instancia gubernamental, en la que se discuten los problemas sobre la dependencia de la droga. Los miembros de esta comisión son generales, policías o funcionarios responsables de la lucha antidroga en sus países. Hablé largo y tendido sobre la reducción de los riesgos del VIH entre los toxicómanos: cómo salvar numerosas vidas distribuyéndoles jeringuillas esterilizadas e indicándoles cómo esterilizar las suyas. El discurso no tuvo una acogida muy buena. Un viceministro me atacó de manera muy violenta: "¿Daría usted una jeringuilla a su hijo?". Más que discutir de manera realista sobre cómo reducir el coste humano para la sociedad, los debates se han quedado en algo ideológico y personal. Nos lamentamos de la falta de consenso sobre lo que es o no eficaz en materia de prevención del VIH, pero seamos claros: nunca habrá un consenso. Lo que se refleja en las polémicas es la existencia de agendas que no tienen nada que ver con la evidencia científica, pero en las que la moral y los valores son decisivos.

Es en ese contexto donde se sitúa el actual debate en los Estados Unidos sobre el lugar que ocupa la abstinencia sexual en las estrategias para la prevención del VIH, al igual que los continuos ataques contra la eficacia del preservativo para evitar la transmisión del virus. Y si recordamos dicho argumento: ¿el preservativo es siempre eficaz? Por supuesto que no. El preservativo es eficaz para un 85 o 90 por ciento de la población, ya que hay que tener en cuenta los errores que se pueden cometer al utilizarlo. Pero hablemos también de la eficacia de las estrategias alternativas, la abstinencia sexual, la fidelidad y la reducción del número de parejas sexuales. Nuestra estrategia ha sido siempre promover conjuntamente esos tres métodos de prevención, que, junto con el uso del preservativo, se refuerzan uno al otro. En el GPA y en ONUSIDA, a menudo, hemos seguido un procedimiento erróneo queriendo promover exclusivamente el uso del preservativo, e incluso queriendo ocultar la eficacia de otro tipo de métodos como la circuncisión masculina. Los Estados tienen que garantizar el acceso a los preservativos y, de la misma manera, la posibilidad de practicar la circuncisión en las infraestructuras sanitarias con un riesgo mínimo. Sin embargo, desde hace mucho tiempo, la experiencia nos ha demostrado que, en lugar de imponer un sólo método, es mucho mejor informar sobre varios métodos, sin imposiciones arbitrarias. Luego, cada cual verá cómo aplicarlos a su vida en función de su situación. No me opongo a la introducción de argumentos morales en este debate; son tan importantes como los argumentos basados en la evidencia. Las decisiones han de ser políticas, basadas en las evidencias, pero deben permitir que sean la sociedad y las personas quienes elijan y no los tecnócratas o los ideólogos. Comunicar de forma sencilla las diferentes opciones y las mejores prácticas en materia de prevención del VIH sigue siendo una tarea difícil y los científicos que trabajan en el ámbito académico no son siempre los mejor situados para informar al público y a los responsables políticos.

COMO DIRECTOR DE ONUSIDA, DEBE DE SER FRUSTRANTE DARSE DE BRUCES CONSTANTEMENTE CON ASPECTOS POLÍTICOS Y MORALES EN LAS NEGOCIACIONES CON LOS PRESIDENTES Y LÍDERES DE OPINIÓN, SIENDO CONOCEDOR ADEMÁS DE LOS EFECTOS QUE ESOS DEBATES PUEDEN PROVOCAR EN LA EXPANSIÓN O EL CONTROL DE LA EPIDEMIA. SI UN PRESIDENTE DE UN PAÍS DECIDE QUE LAS AYUDAS A LA LUCHA CONTRA EL SIDA EN LOS PAÍSES CON RENTA BAJA NO PUEDEN FINANCIAR LOS PROGRAMAS PARA LA PREVENCIÓN DEL VIH ENTRE LOS CONSUMIDORES DE DROGAS POR VÍA INTRAVENOSA, LAS CONSECUENCIAS SON DRAMÁTICAS.

Rara vez me siento frustrado, pero me enfado muy a menudo. Una vez más, no tenía expectativas desmesuradas cuando acepté esta responsabilidad en ONUSIDA. El virus del sida no es el cólera: no es una infección socialmente neutra con la que es suficiente no beber más agua contaminada o estrechar unas cuantas manos. He aprendido que una argumentación racional no cambiará lo que incumbe al ámbito de la opinión. Las decisiones de los dirigentes vienen determinadas por sus sentimientos y experiencia personal. Para convencer a los políticos y conseguir que cambien su comportamiento hace falta una compleja estrategia que supera los esquemas tradicionales de la argumentación académica. Es algo que contemplo constantemente como un reto personal. Sin embargo, no me hago ilusiones: tendremos los mismos debates durante mucho tiempo.

SOCIEDAD CIVIL Y SIDA

EL SIDA COMO REVELADOR DE LAS FRACTURAS SOCIALES · LA FALTA DE REACCIÓN DE LA SOCIEDAD CIVIL Y EL PAPEL DEL ESTADO · LAS IGLESIAS Y LA SEXUALIDAD. MANDELA Y MBEKI · LAS MUJERES Y LOS JÓVENES COMO COLECTIVOS VULNERABLES · LA RIGIDEZ DE LAS CULTURAS SEXUALES · LOS JÓVENES COMO FUERZA PARA EL CAMBIO

EL SIDA PARECE ESTAR JUGANDO EL PAPEL DE REVELADOR DE LAS BRECHAS DE LA DEMOCRACIA, LAS DESIGUALDADES SOCIALES Y ECONÓMICAS, LAS FRACTURAS SOCIALES EN LA SOCIEDAD Y LAS EXCLUSIONES. POCAS EPIDEMIAS HAN REVELADO DE SEMEJANTE MANERA LAS DIVISIONES MORALES Y RELIGIOSAS.

Ya se ha visto tanto en Europa como en Estados Unidos con los colectivos discriminados, las prostitutas y también con los homosexuales. Y en las consecuencias que esto ha acarreado por el retraso en materia de prevención y acceso al tratamiento. Sin una mentalidad abierta en cuanto a la sexualidad, no se puede hacer nada contra el sida. ¿Va esto unido a una cierta forma de organización política de la sociedad? En Cuba, bajo un régimen dictatorial, hay una gran libertad para abordar cuestiones sobre la sexualidad. Al igual que en Brasil, país democrático. Estos dos países han conseguido progresos destacables en la lucha contra el sida. En Estados Unidos, en cambio, hablar sobre la sexualidad es un problema, incluso si el sexo está presente en todas partes. Ahora bien, ni hablar de emitir un anuncio de preservativos en televisión. Por otro lado, existe una vida comunitaria y una proliferación de organizaciones civiles muy activas en el ámbito del sida, y ello es posible porque es una democracia. En China, quizá porque no se trata de una democracia, creía que una vez tomadas las decisiones correctas a escala central —como fue el caso en 2005 del mismísimo primer ministro, Wen Jiabao— se aplicarían automáticamente a escala provincial y más tarde en los distritos. Nada más lejos de la realidad.

Lo que el sida ha aportado, gracias sobre todo al movimiento de las personas que viven con el VIH, es una buena dosis de democracia. Cuando Sonia Gandhi se encontraba en Bangkok con motivo de una conferencia internacional sobre el sida, sólo se encontró con los delegados hindúes de personas que viven con el VIH. Un encuentro semejante habría sido inimaginable hace unos cuantos años. Suelo participar con regularidad en debates con presidentes o primeros ministros y personas que viven con el VIH. El sida ha obligado a muchos gobiernos a aceptar un diálogo con la sociedad civil. Sirva como ejemplo Sudáfrica, donde el movimiento Campaña de Acción a favor de los Tratamientos (TAC, *Treatment Action Campaign*) fue creado como un grupo de presión en respuesta a la total falta de voluntad política del gobierno para proporcionar tratamientos a los enfermos de sida. En el año 2001, tres años después de ser fundado, el movimiento ganó el juicio contra el Gobierno sudafricano. El Tribunal Supremo de Pretoria obligó a la Administración a proporcionar un tratamiento de nevirapina a todas las mujeres embarazadas y seropositivas de Sudáfrica con el fin de limitar el contagio de los recién nacidos. En 2003, el mismo movimiento consiguió obligar al gobierno a proporcionar el acceso generalizado al tratamiento alegando que el coste económico de esa política sería menor que el provocado por la muerte anunciada de miles de personas seropositivas. Tales acciones sólo son posibles en los estados donde se aplica la preeminencia del derecho, lo cual, evidentemente, no sucede en todas partes y habla a favor de la nueva Sudáfrica. El TAC y su líder, Zackie Achmat, han conseguido establecer alianzas casi imposibles con los sindicatos, el partido comunista, la Cámara de Minas, las iglesias y las personas que viven con el VIH. Al mismo tiempo, el movimiento ha llevado a cabo acciones de sensibilización con gran cobertura por parte de los medios de comunicación. Y en la actualidad, es Phumzile Mlambo-Ngcuka, vicepresidenta del TAC, quien preside la Comisión Nacional para la Lucha contra el Sida al lado de su adjunto Mark Heywood. Una evolución notable. Es un ejemplo de un movimiento de nuevo cuño de la sociedad civil, del mismo tipo que los movimientos feminista y ecologista. Es, además, un elemento original del sida, ya que la creación de este tipo de organizaciones no se ha producido con ningún otro tipo de enfermedad.

LOS CASOS DEL TAC Y DE SUDÁFRICA, Y QUIZÁ TAMBIÉN EL DE UGANDA, SON EFECTIVAMENTE EJEMPLARES, SIN EMBARGO, EN GENERAL, LAS SOCIEDADES CIVILES DEL MUNDO EN VÍAS DE DESARROLLO PERMANECEN ALEJADAS DE LA LUCHA CONTRA EL SIDA. NO SE VEN MUCHAS MANIFESTACIONES, MOVILIZACIONES O ALIANZAS ENTRE MÉDICOS Y ENFERMOS PARA RECLAMAR MÁS PREVENCIÓN O ACCESO A LOS TRATAMIENTOS. UNA DE LAS POCAS MANIFESTACIONES PÚBLICAS DE LAS QUE ME ACUERDO TUVO LUGAR EN KENIA HACE ALGUNOS AÑOS. SE

TRATABA DE UNA MANIFESTACIÓN DE PADRES DE ALUMNOS EN CONTRA DE LA INTRODUCCIÓN DE LA EDUCACIÓN SEXUAL EN LAS ESCUELAS POR TEMOR A QUE HABLAR SOBRE SEXUALIDAD, EMBARAZOS Y PRESERVATIVOS SE TRADUJERA EN UNA MAYOR PRECOCIDAD SEXUAL.

Es cierto que, a menudo, la sociedad civil no se organiza y, sin embargo, resulta muy necesario. En India existen movimientos de masas muy importantes que se remontan a los tiempos de Mahatma Gandhi; se trata, por lo general, de movimientos limitados a un solo Estado, pero dentro de lo que cabe, llevan a cabo un notable trabajo. Una de mis primeras reacciones cuando me reunía por primera vez con pequeñas ONG que trabajan en el ámbito del sida era preguntarles: "¿qué relación tenéis con los grandes movimientos civiles hindúes?". En China, aparte del partido y las organizaciones de masas del partido, no hay gran cosa. Cualquier movimiento independiente de base es reprimido inmediatamente, lo cual es una gran contradicción de la sociedad china: para desarrollar la economía socialista de mercado, hace falta espacio para los empresarios, y se les facilita dicho espacio para ganar dinero, pero no para promover ideas. En África, Uganda acababa de salir de una devastadora guerra civil de 20 años y el movimiento armado que tomó el poder tenía una fuerte implantación popular. La sociedad civil convirtió en seguida el sida en su lucha. Sudáfrica tiene una tradición de lucha contra el *apartheid*; es una sociedad democrática donde existe la regla del derecho, y el TAC ha empleado todos los procedimientos legales hasta llegar al Tribunal Constitucional, que ha condenado más de una vez al gobierno por no luchar contra el sida. Hay muchos países en los que eso no es posible. En muchos de los países europeos, excepto en Alemania, en la República Checa y en Dinamarca, no hay un tribunal supremo, no veo a un ciudadano obligando al Estado a cambiar de política. En muchos otros países recurrir a la justicia no sirve de nada; quien más paga es quien gana. Nunca se puede ganar contra el gobierno en el poder.

El problema de África es, en parte, el de la buena gobernanza y la democracia en general. Está relacionado con los bajos niveles de educación, la gran pobreza y la inestabilidad de los Estados. Si hubiera una sociedad civil organizada y movimientos sociales de base en ese continente, la resolución de muchos conflictos y el desarrollo sería mucho más fácil. La transmisión del poder tiene lugar muy a menudo entre militares y no por medio de procesos democráticos. Estos últimos años estamos viviendo una evolución: el *Green Belt Movement* (Movimiento Cinturón Verde) de Kenia, organización liderada por Wangari Maathai, a quien han otorgado recientemente el Premio Nobel de la Paz, es una organización de masas. En países como Malí o Senegal hay un proceso de descentralización y las comunidades de base se organizan, lo cual resulta no sólo imprescindible para la democracia, sino también fundamental para la lucha contra el sida.

Por desgracia, no hay nada que pueda reemplazar a un Estado de derecho bien organizado que proporciona a los ciudadanos lo que por derecho les corresponde: garantías contra la criminalidad y la inseguridad, y una estructura institucional y administrativa que permite el desarrollo de la Educación y la Sanidad. Sin dicha estructura, la lucha contra el sida resulta muy difícil; las diferencias se manifestarán a escala comunitaria, pero esas comunidades no pueden funcionar sin un marco institucional. Durante mucho tiempo trabajé en un país que entonces se llamaba Zaire y pude ver con mis propios ojos lo que significa la ausencia del Estado, la falta de seguridad y de marco legal. A pesar de tener las mejores intenciones y contar con personas dedicadas, no se puede reemplazar un Estado de derecho. Pero, también corresponde a las Naciones Unidas presionar y acelerar las evoluciones.

¿QUÉ JUICIO SE MERECE EL PAPEL DE LAS IGLESIAS EN LA LUCHA CONTRA EL SIDA? LA IGLESIA CATÓLICA ALZA SU VOZ CON REGULARIDAD CONTRA LA INMORALIDAD DEL USO DE PRESERVATIVOS Y PRECONIZA EXCLUSIVAMENTE LA FIDELIDAD, LA ABSTINENCIA Y LA CASTIDAD. LAS IGLESIAS CATÓLICA Y MUSULMANA FORMAN A MENUDO UN FRENTE UNIDO PARA OPONERSE A LOS DERECHOS DE LAS MUJERES EN LO REFERENTE A LA SEXUALIDAD Y A LA SALUD DE LA REPRODUCCIÓN.

Hay que diferenciar entre las instituciones y los individuos que representan a esas instituciones. En las iglesias, entre los curas, los imanes y los pastores, se encuentran tanto héroes como fundamentalistas de posiciones muy conservadoras. Lo que no puedo admitir es la actitud de los que rechazan a los enfermos o infectados por el VIH por considerarlos pecadores, o la de aquellos que proclaman que el sida es un castigo divino. Por desgracia, aún lo oímos en los sermones de algunas iglesias o mezquitas. Asimismo, encontramos a personas extraordinarias que se dedican a la prevención y a los enfermos de sida. En Tailandia los budistas han sido durante mucho tiempo los únicos que acogían a los enfermos de sida en sus templos; los únicos que han demostrado una verdadera compasión en una sociedad despiadada con quienes se desvían de las normas.

No obstante, en general, las Iglesias han tardado mucho en ocuparse del sida. Su reacción ha sido mucho más lenta que la del resto de la sociedad. El sida los ha perturbado mucho, ya que obliga a hablar de sexualidad y a revisar los dogmas sobre la misma. Según la Biblia y el Corán, Dios condena la homosexualidad, aunque esta cuestión provoca siempre debates entre diversas interpretaciones. El sida obliga a preguntarse sobre las desigualdades entre hombres y mujeres en cuanto a la sexualidad. Las cuestiones de estigmatización o compasión provocan siempre discusiones bizantinas en las propias iglesias. A lo largo de los años he podido constatar una evolución muy positiva en las iglesias clásicas y mantenemos un diálogo permanente con ellas aunque no siempre estemos de acuerdo. Sin embargo, no ocurre lo mismo con las iglesias fundamentalistas o las nuevas iglesias; no conseguimos avanzar, lo cual es un grave problema. Una de las paradojas es que si Estados Unidos muestra un mayor compromiso para con el sida, se debe, en parte, a la presión ejercida por las organizaciones comunitarias y religiosas basadas en la fe. Dichas organizaciones evangélicas son una base electoral muy importante para el presidente Bush y han pasado de considerar al sida como castigo de Dios a mostrar un notable compromiso con la lucha contra el sida. Las estrategias que proponen no son siempre las más eficaces, ni mucho menos, pero estas organizaciones no forman un bloque ideológico compacto. Cuando comparo, por ejemplo, las estrategias de la Federación Luterana Mundial con las de ONUSIDA, no hay diferencias. Y la gran iglesia Saddleback, dirigida por Rick Warren, uno de los pastores que más influencia ejercen en los Estados Unidos, está realizando una ejemplar acción contra el sida, incluida la promoción del preservativo. Ahora bien, los grandes responsables religiosos habrían podido salvar muchas más vidas si hubieran hablado alto y claro mucho antes, y no sólo de compasión, sino también de los medios para protegerse contra la infección. Pero se puede decir lo mismo de las personalidades políticas.

SIEMPRE APARECE ESE MIEDO A ABORDAR LA SEXUALIDAD. INCLUSO NELSON MANDELA, EL PRIMER PRESIDENTE DE SUDÁFRICA TRAS EL *APARTHEID*, QUE ES PROBABLEMENTE EL MEJOR EMBAJADOR DE LA LUCHA CONTRA EL SIDA EN EL EXTRANJERO, NO ABORDÓ DURANTE MUCHOS AÑOS LAS CUESTIONES DE SEXUALIDAD EN SU PROPIA SOCIEDAD.

Mandela se manifestó, pero muy tarde. Le he preguntado acerca de su prolongado silencio. Al parecer, durante las primeras elecciones en la Sudáfrica libre tras la abolición del *apartheid*, el Comité Central del Congreso Nacional Africano debatió largo y tendido sobre abordar o no el problema de la epidemia del VIH durante la campaña electoral. Por temor a provocar tensiones raciales, y probablemente debido a que el público no consideraba el sida como algo suficientemente importante, la respuesta fue negativa. Fue una decisión política del Congreso, de la que Mandela se ha lamentado posteriormente. Sin embargo, gracias a su prestigio y relumbre internacional, el posterior compromiso de Mandela con la lucha contra el sida ha sido y sigue siendo irreemplazable.

EL ACTUAL PRESIDENTE DE LA REPÚBLICA SUDAFRICANA, THABO MBEKI, PERSONALIDAD RECONOCIDA EN EL MUNDO E INTELECTUAL DE GRAN VALOR, MUY APRECIADO EN ÁFRICA POR SU LUCHA CONTRA EL *APARTHEID*, INSISTE EN NEGAR LA EXISTENCIA DEL VIH Y EN ATRIBUIR EL SIDA A LA POBREZA Y RECHAZA, A VECES DE MANERA VEHEMENTE, INCLUSO LA IDEA DE LA TRANSMISIÓN SEXUAL. ¿ES COMPARTIDA ESA OPINIÓN POR OTROS LÍDERES AFRICANOS?

Es una opinión aún demasiado extendida. Todos estamos de acuerdo en que la pobreza es un factor muy importante en esta epidemia, pero el comportamiento sexual sigue siendo un elemento fundamental para explicar la transmisión del virus. Más allá de la polémica, el punto crítico es que el Gobierno de Sudáfrica cambie de política en noviembre de 2003 y, desde entonces, Mbeki hace sus declaraciones con sordina, gracias a lo cual se ha podido avanzar en cuanto al acceso a los medicamentos antirretrovirales así como en lo tocante a frenar la transmisión del VIH de madre a hijo, pero no hay que bajar la guardia, puesto que sigue habiendo una resistencia contra este nuevo impulso contra el sida, dirigido sobre todo por el vicepresidente.

Sudáfrica es la esperanza para toda África. No me refiero únicamente al sida. Si Sudáfrica consigue desarrollarse como sociedad en el plano económico y social, toda África Austral le seguirá. Si prosigue la transición del *apartheid* a una sociedad normal, será un triunfo considerable para la buena gobernanza en África. El sida forma parte de los retos de Sudáfrica, sin embargo, en este aspecto se aprecia una menor apertura que sobre otros problemas. Ahora bien, se trata de una sociedad donde más del 20 por ciento de los adultos están infectados: 5 millones y medio de personas viven con el VIH. Con 600 fallecimientos al día, el sida está destruyendo la sociedad progresivamente. Y a pesar de ello, se cuestiona en ocasiones la importancia del problema. Es un enigma muy doloroso.

EN LAS ESTRATEGIAS DE ONUSIDA A MENUDO SE CITA A LOS JÓVENES Y A LAS MUJERES ENTRE LOS COLECTIVOS VULNERABLES JUNTO CON OTROS GRUPOS COMO LOS HOMOSEXUALES, DROGADICTOS Y PROSTITUTAS. ¿NO SE TRATA DE UNA INFLACIÓN DEL LENGUAJE?

El término "colectivo vulnerable" es un eufemismo, que no me gusta en absoluto. En el mundo del sida hay una tendencia de pervertir el vocabulario directo por razones que eran comprensibles en los comienzos de la epidemia: no se quería estigmatizar a las personas infectadas o en peligro de ser infectadas, pero yo creo que hay que volver a lo que en un momento se definió como "personas con comportamiento de alto riesgo". Es un hecho objetivo y que no debe conducir a la estigmatización de las personas. En muchos países la epidemia sigue estando concentrada en grupos específicos, como los homosexuales. El enfoque cultural pretende definirlos como "hombres que mantienen relaciones sexuales con otros hombres". Puedo entender el punto de vista académico, pero en el lenguaje cotidiano suena completamente absurdo. Y no todos aceptan el término colectivo "vulnerable". He conocido a menudo a prostitutas u homosexuales que no admiten ser reducidos a una especie de fenómeno de infección contra la que no se puede luchar: "¿Nosotros seríamos vulnerables por nuestra condición o naturaleza? Es como si no tuviéramos los medios para elegir por nosotros mismos".

Así pues, existen colectivos expuestos a altos riesgos, bien por la movilidad por razones económicas, o bien por prácticas sexuales que aumentan la exposición al riesgo, como el número de parejas sexuales. Los jóvenes y las mujeres representan otro tipo de problema: esos colectivos son más vulnerables que los hombres heterosexuales, al menos más que los hombres que no frecuentan a prostitutas, no tienen muchas parejas sexuales, ni son camioneros o emigrantes, ni están en prisión, etc. Pero queda todo el resto. El riesgo de infección es muy elevado en los colectivos expuestos a altos riesgos y relativamente más elevado entre los jóvenes, porque se encuentran en una fase de experimentación sexual, porque carecen de información y porque aún sigue habiendo mucha hipocresía en la sociedad. Y en cuanto a las mujeres, se trata de una categoría completamente diferente; haría falta un tercer concepto para diferenciarlas. Los medios de prevención actuales quedan totalmente fuera del control de las mujeres, con la excepción de ¡su propio comportamiento! Y me molestan mucho ese tipo de discursos, incluidos los de ONUSIDA, en los que se presenta a las mujeres como agentes totalmente pasivos en la sexualidad, lo cual, si bien puede ser verdad en algunos casos, no es algo generalizado, porque, entre otros motivos, hay mujeres que eligen tener varias parejas. Cuando tratamos la cuestión de las mujeres, nos damos cuenta de los límites de los programas de prevención basados en la reducción de los riesgos, es decir, el uso del preservativo, la fidelidad de los miembros de la pareja, la abstinencia sexual y la reducción del número de parejas. Ahora bien, en muchas sociedades las mujeres tienen muy pocas parejas, a menudo solamente una, y es esa pareja la que les trasmite la infección. Es el comportamiento de riesgo del elemento masculino de la pareja lo que está en juego. Sin embargo, creo que incluso en ese caso hay que matizar. En África, cuando analizamos a las parejas discordantes —uno de los dos miembros infectado por el VIH y el otro no—, según lo que he leído en muchas investigaciones, hay tantos casos de parejas discordantes en las que la mujer es la infectada, como a la inversa. Lo cual significa que la mujer fue infectada antes de convertirse en pareja del hombre no infectado.

La mayoría de los discursos simplistas sobre el sida son mentira. Cuando me preguntan sobre la estrategia "sólo abstinencia" para la prevención del sida, mi primera reacción es responder que "si en una frase aparece 'sólo', no funcionará para el sida". Únicamente la abstinencia o únicamente el preservativo, o sólo la fidelidad: no. Hay que ofrecer un menú de opciones para que, en función de los individuos y de sus etapas vitales, se pueda elegir una u otra. Me viene a la memoria cierto material pedagógico, *La flotilla de la esperanza*, creado por el padre Joinet en 1994 cuando era profesor de psicología clínica en la Universidad de Dar es Salaam. Joinet comparaba el sida con el Diluvio bíblico, y había tres barquitos para salvarse: un barco de madera llamado abstinencia, otro llamado fidelidad y el tercero de caucho, como un bote neumático, llamado preservativo, y sólo había una regla: no caer al agua. Había unas pasarelas entre los barcos, para pasar de uno a otro en función de los acontecimientos o la circunstancias personales. Este material didáctico generaba muchos debates cuando se trataban los casos particulares: pongamos por ejemplo que un funcionario del Estado está llevando a cabo una misión en el interior del país, ¿en qué barco se refugiará? Resultaba bastante más realista y dinámico que el plantearse la abstinencia de por vida o el utilizar preservativos permanentemente, enfoques que defienden ideólogos tanto de izquierdas como de derechas. Yo creo que una chica de 14 años debe tener derecho a decir no a una primera relación sexual; por tanto, hay un "derecho de abstinencia". En muchas sociedades, las primeras experiencias sexuales no suelen ser consensuadas; suelen ser originadas por la insistencia de las chicas jóvenes o por el hecho de tener parejas sexuales masculinas que no son de la misma edad. Ello demuestra las limitaciones del enfoque mecánico de la prevención del sida.

A largo plazo, hay que cambiar las normas de la sociedad. Incluso si cada cual quiere seguir haciendo lo que hace, intentando mantener relaciones sexuales más seguras, a la larga eso no servirá de nada. Se suele decir que el tratamiento es para toda la vida, pero la prevención también es para toda la vida. En el caso de los jóvenes y las mujeres, hay que ir más allá del enfoque ABC (*Abstinence, Be faithful, Condoms*, que se puede traducir como "Abstinencia, Fidelidad, Condones"), hay que desarrollar con urgencia los microbicidas para las mujeres, ya que podrían desempeñar el mismo papel que la píldora en la anticoncepción. Los métodos anticonceptivos, en especial la píldora, cuyo uso es controlado por las mujeres sin necesidad de que su pareja tenga conocimiento de ello, han revolucionado la anticoncepción y la sexualidad entre las mujeres de los países occidentales. Un microbicida eficaz que mate el virus podría funcionar de la misma manera para el sida. Pero incluso con un método controlado por las mujeres, habrá que cambiar las normas de la sociedad. Esto implica, en concreto, aceptar la homosexualidad, cosa que aún queda muy lejos de ser verdad en muchos países. Bélgica, España y los Países Bajos son algunos de los países europeos en los que el matrimonio entre personas del mismo sexo es posible, lo cual parecía totalmente impensable cuando yo era joven. Todavía me pregunto cómo es que Bélgica ha podido convertirse en un país tan progresista en el ámbito cultural y social. ¿Por qué es tan importante? Porque ello facilitará mucho todos los programas de prevención; los homosexuales casados saldrán de su gueto. Creo que eso puede suponer una gran diferencia. Los primeros éxitos en la lucha contra el sida se han logrado en los países occidentales, es decir, en las sociedades donde la homosexualidad era mejor aceptada y la sexualidad más abierta.

Cambiar las normas de la sociedad significa también abordar la cuestión del género y la igualdad entre hombres y mujeres. El sur de Asia, por ejemplo, es un caso extremo en el que recurrir a la prostitución es la expresión social de la sexualidad para muchas generaciones de hombres. Afortunadamente, en el plazo de una generación, hemos presenciado cambios en Tailandia, si bien se trata aún de cambios muy limitados: basta con darse una vuelta por Pattaya donde la industria del sexo está siempre muy presente. Y no sólo para los extranjeros: en Tailandia, recurrir al sexo comercial es una tradición muy antigua.

Botsuana ha realizado un trabajo sobresaliente permitiendo el acceso gratuito al tratamiento antirretroviral al 90 por ciento de los que lo precisan, pero en materia de prevención se encuentra muy lejos de la realidad. Las relaciones sexuales intergeneracionales o a cambio de obsequios siguen siendo una norma. No se trata de prohibir este tipo de relaciones (hay que dejar que las personas elijan), pero habrá que poner en tela de juicio un sistema sexual y económico en el que los hombres de más edad con recursos económicos pueden permitirse relaciones sexuales con niñas en edad escolar. Es lo que en Botsuana se denomina el sistema de las cuatro C: *chicken, clothes, cosmetics, cab* (pollo, ropa, cosméticos, taxi). Cada vez que vuelvo a Botsuana se añade una C más, como *coke* o *car*. Ya van por diez. Por lo tanto, no estamos hablando de la figura de una mujer joven que no sabe cómo alimentar a sus hijos al día siguiente.

Habrá que cambiar las normas sexuales, y cuando hablo con los militantes del movimiento gay o con gente de izquierdas, no siempre estamos de acuerdo en ese punto. En la década de los ochenta, en San Francisco, la comunidad gay cerró los *bath houses*, las saunas, y modificó profundamente su estilo de vida. Se trata de un debate que no concierne a la moral sexual, pero que afecta a la vida de una comunidad amenazada por el sida. Creo que se puede ser feliz sin tener que acumular necesariamente parejas sexuales. Y pienso sobre todo en multitud de países en vías de desarrollo en los que la explotación del hombre por el hombre se ha convertido desde hace mucho tiempo en la explotación de la mujer por el hombre. Si Karl Marx viviera hoy, ese sería con toda probabilidad uno de sus eslóganes.

¿CREE QUE SON POSIBLES ESOS CAMBIOS EN LAS NORMAS SOCIALES Y SEXUALES BAJO LA INFLUENCIA DE UNA EPIDEMIA MORTAL, COMO ES EL VIH, TANTO A CORTO COMO A LARGO PLAZO?

Ante todo, al hablar de enfoques a largo plazo, lo que queremos decir es que hay que empezar ahora mismo, y evolucionar, incluso aunque los cambios se efectúen más tarde. Puedo citar algunos ejemplos: el mundo gay occidental ha cambiado profundamente. Por desgracia, en la actualidad, en alguna que otra comunidad gay, por la influencia del consumo de metanfetaminas, se está volviendo a las prácticas sexuales de riesgo. Pero la aceptabilidad de una sexualidad con muchas parejas sexuales ha cambiado enormemente. Uganda es otro ejemplo de cambio profundo en los comportamientos sexuales. Esto es siempre difícil de medir: captar las evoluciones de la sexualidad en la sociedad sigue siendo un rompecabezas para las Ciencias Sociales. No obstante, tenemos indicadores de cambios profundos en África oriental. Ya he mencionado antes el caso de Tailandia: los hombres jóvenes frecuentan menos a las prostitutas que en el pasado y se dirigen más hacia el sector informal, lo cual, de alguna manera, complica la realización de programas para la prevención. En el antiguo régimen sexual, bastaba con trabajar junto con el mundo de la prostitución e imponer el uso del preservativo como norma. Este enfoque preventivo resultó bastante eficaz. Pero no seamos cínicos: el sexo comercial es, por lo general, una explotación de las mujeres. En relación con los valores humanistas, esta forma de sexualidad está lejos de ser ideal y debe ser condenada. En este debate se echa mano rápidamente de los principios morales, lo cual no me asusta. Pero la realidad no es tan simple.

De hecho, no contamos con muchos ejemplos de cambios radicales en las normas sexuales respecto al sida. Esto se debe a que la sexualidad no pertenece exclusivamente al ámbito de la elección individual: las condiciones de vulnerabilidad social y económica están muy presentes. Recientemente he asistido al *Kirchentag*, una reunión ecuménica organizada por primera vez por las iglesias protestantes alemanas y la Iglesia católica en Berlín. Acudí a una sesión sobre el sida. Un obispo católico sudafricano planteó la siguiente pregunta: "¿Se puede hablar de sexualidad cuando una mujer sin recursos vende su cuerpo a cambio de unos cuantos *rands*? Ésa no es la sexualidad que Dios tenía en mente cuando pensaba en la procreación. En este caso, se trata de la transmisión de la muerte, y no de la vida, lo cual justifica el uso del preservativo". Pero más allá de ese debate, de lo que se trata es de la vulnerabilidad de esa mujer, de las miles que se encuentran en esas condiciones en su diócesis y que son millones en todo el mundo. ¿Qué opciones tienen esas mujeres? No muchas sin la ayuda exterior. Y volvemos al desarrollo económico y social. Queda bonito decir que hay que sacar a las mujeres de la prostitución. Sin embargo, como profesión, raramente es la primera elección en la vida. ¿Qué alternativa hay y quién va a ofrecer un empleo decente a esas mujeres? ¿O incluso un empleo a secas? La lucha contra el sida afecta inevitablemente a problemas estructurales. En ese punto llegamos a tres cuestiones: a) el género, la condición de la mujer en la sociedad y las relaciones en desigualdad con los hombres; b) las migraciones relacionadas con la búsqueda de empleo; y c) lo cultural, los aspectos morales, religiosos, normativos y los prejuicios relativos a la sexualidad. Son esos tres problemas los que generalmente determinan el nivel de la epidemia en las sociedades.

¿CREE QUE LAS JÓVENES GENERACIONES PUEDEN JUGAR UN PAPEL ESPECIAL EN LOS CAMBIOS DE NORMAS SEXUALES MENCIONADOS? ¿PUEDEN ACELERAR EL CURSO DE LA HISTORIA ADOPTANDO COMPORTAMIENTOS SEXUALES MENOS ARRIESGADOS EN RELACIÓN CON EL SIDA? ¿SON UNA FORMA DE ESPERANZA PARA EL CAMBIO? CUANDO VEO LA RELAJACIÓN DE LAS NORMAS SEXUALES ENTRE EL COLECTIVO DE HOMOSEXUALES JÓVENES EN EUROPA Y ESTADOS UNIDOS, SOBRE TODO DESDE LA INTRODUCCIÓN DE LAS TERAPIAS ANTIRRETROVIRALES, YO YA NO SOY TAN OPTIMISTA.

En realidad, la elección no está en nuestras manos. Pondré como ejemplo la frecuencia de embarazos no deseados entre los adolescentes: en ese aspecto, hay grandes diferencias entre los Estados Unidos y Europa, con el Reino Unido entre ambos. En los Estados Unidos, la frecuencia de los embarazos no deseados es casi diez veces mayor que en el Benelux. Y, sin embargo, se trata de las mismas hormonas. Por lo tanto, la diferencia se debe a la educación sexual, la cultura y al acceso a los servicios. Para introducir la educación sobre la sexualidad y los servicios de planificación familiar hará falta menos de una generación. Cuando yo era adolescente y vivía en Flandes, se estaba empezando con esto, pero la educación seguía siendo muy vaga, y se echaba mano de la Biología de la reproducción, lo cual es necesario, pero queda todavía lejos de la educación sobre la sexualidad. En la actualidad, en Europa casi un 60 por ciento de los jóvenes usan el preservativo en su primera relación sexual. En Uganda, las primeras relaciones sexuales tienen lugar más tarde que hace una década y el uso del preservativo es mucho más frecuente.

¿Se pueden considerar esos cambios como definitivos? No lo sé. Lo que debe cambiar es el aspecto subjetivo, ideológico: los discursos, el grado de hipocresía en la educación. Y acto seguido, los factores materiales, la situación económica y social, lo cual resulta más complicado de modificar. Ése es el gran reto y, desgraciadamente, por ese motivo, los países pobres seguirán siendo los más afectados por el sida. Tomemos el caso de los países de la antigua Unión Soviética donde la cantidad de nuevos infectados por el VIH es muy elevada, sobre todo entre los consumidores de drogas por vía intravenosa. En efecto, existe mucha pobreza en estos países en transición; sin embargo, la situación no es comparable con la de los países del Tercer Mundo, ni siquiera en el caso de Armenia o Georgia, dos de los países menos avanzados en el aspecto económico. En esta región se ha producido un desmoronamiento de valores; el único que prevalece es el valor del dinero. El Estado ha abandonado por completo todo tipo de programas de protección social y todo tipo de inversiones sociales en Educación y Sanidad.

En el pasado sucedió lo mismo en China. Esa es la principal diferencia entre el actual equipo político y el anterior. En la actualidad, para el presidente Hu Jin Tao, el progreso económico sigue siendo prioritario, pero también se considera necesario que haya armonía social; para el antiguo equipo, por el contrario, la consigna era "hágase usted rico". Han intervenido dos nuevos factores: por un lado, la protección del medio ambiente junto con el apoyo aún algo tímido al desarrollo de ONG y, por otro, la Sanidad y la protección social. Aún nos encontramos al principio de un proceso, pero, por lo menos, el poder político ha vuelto a hacerse cargo del sida.

¿Servirá esta evolución para poder controlar la epidemia? No me planteo preguntas de ese tipo; simplemente, hay que hacerlo y luego ya veremos. Me doy cuenta de que es algo muy complejo. Hay que admitir y asumir que no existe un mundo sin riesgos. Una vida sin riesgos sigue siendo un sueño. La pregunta es más bien cómo reducir los riesgos. Lo que me enerva son los expertos que dicen que el sida es una enfermedad como otra cualquiera. Eso es falso: los demás problemas de salud no afectan a esta infinidad de problemas sociales ni a los fundamentos de la reproducción humana y del placer sexual que es universal.

Hay que aceptar la diversidad sexual, lo cual es uno de los grandes logros de la evolución reciente. Me acuerdo que en 2001, e incluso en 2006, durante las sesiones extraordinarias de las Naciones Unidas sobre el sida, en la declaración final no aparecían palabras como "homosexualidad", "droga" o "prostitución". La mayoría de los países miembros de las Naciones Unidas consideraban que mencionar dichas palabras significaría la aceptación legal y moral de esas prácticas. No obstante, son ilegales en muchos países y están moralmente condenadas por la gran mayoría de la población mundial. Hubo una votación durante dicha Asamblea General para saber si la ONG *International Gay and Lesbian Center for Human Rights* podía participar en una mesa redonda. Finalmente se aprobó por una mayoría de tan sólo uno o dos votos. En la actualidad, probablemente se habría rechazado. Ver la persecución que sufren esas minorías en el mundo resulta insoportable. Ahí tenemos el caso de la asociación *Blue Diamond Society* en Nepal, donde ONUSIDA ha tenido que pagar a un abogado para sacar de prisión a unos 40 homosexuales. O el caso de Egipto, donde el Tribunal de Seguridad del Estado ha condenado recientemente a 29 hombres a penas de prisión de hasta 5 años por ser homosexuales. El camino será largo, sin embargo, la historia no evoluciona necesariamente de manera lineal, lo hace a saltos. Piensa en el auge capitalista de China con la economía socialista de mercado. ¿Quién lo hubiera previsto hace diez o veinte años, cuando Deng Xiao Ping dijo "qué importa que el gato sea gris o blanco, lo importante es que se coma a los ratones"?

LA RESPUESTA INTERNACIONAL AL RETO DEL SIDA

COORDINAR LAS AGENCIAS DE LAS NACIONES UNIDAS · UNA BUROCRA-
CIA LENTA QUE HAY QUE REFORMAR · LA COMPLICADA INTEGRACIÓN DEL
SIDA · EL APOYO DE LAS NACIONES UNIDAS A LOS PAÍSES: COORDINAR O
INTERVENIR · INICIATIVAS MÚLTIPLES Y A VECES INCOHERENTES ·
APOYAR A LA SOCIEDAD CIVIL SIN QUITAR LA RESPONSABILIDAD A LOS
ESTADOS

ONUSIDA SE HA CONVERTIDO EN UNA ESPECIE DE HIDRA DE DIEZ CABEZAS CUYO PAPEL
ES, SOBRE TODO, COORDINAR LOS ESFUERZOS DE DIEZ AGENCIAS DE LAS NACIONES
UNIDAS EN SUS ACTIVIDADES DE APOYO A LOS PROGRAMAS NACIONALES DE LUCHA CON-
TRA EL SIDA. CUANDO UNO SE DA CUENTA DE LA FEROZ INDEPENDENCIA DE DICHAS AGEN-
CIAS Y EL PESO DE LA TRADICIÓN BUROCRÁTICA, UNO SE PREGUNTA SI ESA LABOR ES
POSIBLE Y SI NO SERÍA MEJOR CREAR UNA AGENCIA SEPARADA DE LAS NACIONES UNIDAS
PARA COORDINAR LA LUCHA.

Si existe una agencia separada de las Naciones Unidas para el
medio ambiente y otra para la planificación familiar, efectivamente, ¿por qué no una agencia especializada o especial para la

lucha contra el sida? Esta epidemia se encuentra dentro de esa letanía de problemas mundiales como el recalentamiento del planeta, el terrorismo y la pobreza. Creo que esa respuesta clásica de las Naciones Unidas, esa especie de reflejo de Pavlov "problema = nueva agencia", es una respuesta que pertenece al pasado. El futuro está en manos de los programas, en las agencias que trabajan en red, por influencia, y que estimulan la respuesta a escala local, ya sea del gobierno o de la sociedad civil. A menudo, nuestros colegas de las Naciones Unidas, un poco paranoicos y celosos, nos acusan de habernos convertido en una agencia. Consideremos la hipótesis nula: ¿qué pasaría si ONUSIDA se convirtiera en la agencia encargada del sida? Seríamos independientes y nos convertiríamos en una de las muchas agencias de las Naciones Unidas que haría la competencia a las demás. Seríamos un mini UNFPA compitiendo por hacerse con los fondos. De hecho, perderíamos nuestra capacidad de palanca y nuestro poder catalizador.

¿Dónde reside la fuerza de ONUSIDA? En el poder de influir en las grandes agencias. Nuestra debilidad —la falta de fondos y de personal— es al mismo tiempo nuestra fuerza. Como carecemos de un programa propio, no estamos en competencia directa con los programas dirigidos por otras agencias. Hemos conseguido introducir el sida dentro de la agenda del Banco Mundial, lo cual es más importante que ser una agencia independiente. Naturalmente, a menudo me pongo a echar pestes por dentro y me digo que me gustaría ser yo quien tomara las decisiones y las aplicara. Pero bueno, si fuera así, igual tendríamos algunos bonitos proyectos, quizá bien gestionados, quizá incluso con buenos resultados, pero creo que el impacto mundial sería menor. Cuando me dirijo a los miembros de nuestro equipo de ONUSIDA, les digo que "nuestro principio para abordar el sida junto con otras agencias de las

Naciones Unidas es la base del deporte del judo: hay que hacer uso de la fuerza y del peso del adversario para derribarlo". Nuestro objetivo no es derribar a otra institución, sino utilizar la fuerza y el éxito de las grandes agencias e instituciones para hacerles trabajar en la dirección que nosotros queremos: preocuparse del sida, dedicarle tiempo y recursos, adoptar nuestras estrategias y políticas, como por ejemplo, toda la estrategia sobre los derechos humanos como base de la lucha contra el sida.

Todas estas acciones no habrían sido posibles si hubiéramos sido una agencia independiente. Eso es lo que explica el fracaso parcial del GPA, el Programa de la OMS contra el Sida, incluso teniendo al frente a un visionario como Jonathan Mann, que fue el primero en comprender que había que trabajar conjuntamente con otras agencias. Aunque yo no tenga ninguna autoridad sobre las demás agencias, hemos conseguido llegar a un estadio en el que, por ejemplo, en la reciente evaluación de las actividades del programa para el sida del Banco Mundial, los directores ejecutivos (miembros del Consejo de Administración del Banco) recalcaban una y otra vez que el Banco debería integrar todas sus estrategias sobre el sida con las de ONUSIDA. Es todo un éxito, pero nos ha costado más de diez años. Y el Banco es sólo un ejemplo. Hemos ampliado nuestra influencia entre las demás agencias, lo cual equivale a varias decenas de miles de personas activas sobre el terreno. Nuestro papel de "palanca", por tanto, ha sido determinante.

Otro aspecto es la evolución de la arquitectura internacional del Sistema de las Naciones Unidas. Es hora de empezar a fusionar agencias, y no de crear otras. Harían falta varios polos principales; una gran agencia que se encargue de las cuestiones de desarrollo; una red encargada de lo humanitario; una tercera que se responsabilice quizá del medio ambiente, como problema cada vez más urgente e importante; y una agencia que se encargue de la seguridad y del mantenimiento de la paz; y además algunos problemas horizontales como los derechos humanos, el sida y los problemas de género. Ése es el tipo de reagrupamiento al que se debe tender. Pero, ¿quién tendrá el valor de llevar a cabo dichos cambios? Aunque algunos países miembros aprueban estos principios sobre el papel, ¿cuáles de ellos estarán dispuestos a apoyar esas reformas hasta el final? No podemos seguir con esa inflación de agencias, esta arquitectura desordenada, resultado de un largo proceso centrífugo. Ése es el motivo por el que, en el plano conceptual, me opongo a la creación de una nueva agencia. Hay que poner orden y crear redes.

Creo que el sida debería ir vinculado a una gran agencia para el desarrollo. Nos encontramos en plena reforma de las Naciones Unidas y nuestra mayor preocupación, muy justificada, es la de llegar a ser más eficaces, estar menos dispersados y ser capaces de dar una respuesta mucho más unificada. En ONUSIDA ya nos habíamos adelantado a esta nueva corriente de reforma. Queda por precisar la función de instituciones financieras como el Fondo Monetario Internacional (FMI). Espero que a lo largo de los próximos cinco años vayamos en esa dirección. Además, en la propuesta de Kofi Annan —*In Larger Freedom: Towards Development, Security and Human Rights For All (Un concepto más amplio de la libertad: desarrollo, seguridad y derechos humanos para todos)*[1]— sobre la reforma de las Naciones Unidas, me he fijado en un párrafo donde menciona esas redes o racimos de agencias, con un único representante de las Naciones Unidas por país, una especie de embajador con consejeros en materia de educación, infancia, sanidad y sida. Ello pone en tela de juicio muchas cosas, por supuesto, pero yo no veo otro futuro para el Sistema de las Naciones Unidas. Los países en vías de desarrollo están hartos de tener un Sistema con 15 o 20 representantes, todos queriendo ser recibidos por los distintos ministerios, tener el estatus de embajador y circular con un banderín azul en el coche. Ésa es una concepción que pertenece al siglo pasado.

Hay dentro del Sistema una minoría activa y creciente que pretende cambiar las cosas, reafirmando varios principios: colocar a los Estados al frente de las reformas, en el asiento del conductor; aspirar a una mayor eficacia del Sistema; y rendir cuentas, es decir, responsabilizarse de las acciones de las acciones emprendidas. Y ONUSIDA es considerado como un buen ejemplo de reforma de las Naciones Unidas: es el ejemplo de la integración, donde todos los que, en cada país, trabajan sobre el sida deben formar un único equipo y dar cuenta de sus actividades. No solamente de cara a sus agencias, sino también ante el equipo. El proceso está en marcha, pero pasarán algunos años antes de que sea efectivo. Es lo que quería realizar desde el principio, pero han tenido que pasar ocho años para que fuera aceptado. Los donantes, la sociedad civil, una nueva generación al frente de las agencias, todos han impulsado esta reforma. La principal responsabilidad recae sobre los grandes donantes a escala mundial: en las reuniones de las Naciones Unidas se muestran a favor de esas reformas, pero, a escala nacional, los representantes de dichos donantes sabotean los proyectos al seguir financiando pequeños proyectos y actuando de manera autónoma y, a menudo, en competencia unos con otros. Es una actitud esquizofrénica.

¿HA OBSERVADO MUCHOS CAMBIOS EN LA COLABORACIÓN ENTRE LAS AGENCIAS DE LA ONU Y ONUSIDA DESDE QUE ESTÁ AL FRENTE? A MENUDO, TENGO LA IMPRESIÓN DE QUE, MÁS QUE COLABORADORES, SON COMPETIDORES.

Se está dando una evolución real, pero excesivamente lenta. Llegamos a ONUSIDA con cinco años de antelación. Nuestras ideas —todas las agencias trabajando en armonía para conseguir los objetivos comunes— eran demasiado revolucionarias para el Sistema. Al principio, la resistencia era feroz. Seguro que te acuerdas bien: resultaba muy frustrante, la competencia era general. En la actualidad, estamos en lo más alto del Sistema de las Naciones Unidas, y eso es un triunfo. Con la nueva generación de directores de agencias a escala mundial tengo por fin una influencia determinante sobre los programas y estrategias de las agencias. Pero para que todo el Sistema acepte esto, todavía hay que trabajar mucho. Hay un proceso de reforma en marcha: por ejemplo, ya existen sistemas de evaluación del resultado que tienen en cuenta el trabajo en equipo de los funcionarios de las distintas agencias. Asimismo, hay donantes, sobre todo los británicos, los países escandinavos y Holanda, que ya sólo financian programas conjuntos. El ambiente es mucho más propicio para las sinergias, pero ya es tarde. En mi opinión, se trata de la supervivencia de las Naciones Unidas. El principal problema sigue siendo las agencias especializadas administradas por los representantes de los ministerios de Sanidad, Educación o Agricultura, que no comparten esta visión conjunta del Sistema que tienen los diplomáticos y los representantes de las agencias de cooperación internacional. Sin embargo, dichas agencias especializadas desempeñan un papel extremadamente importante en términos normativos y de apoyo técnico a los países. Estas agencias, también tendrán que integrarse en el conjunto del Sistema.

FINALMENTE, ¿ESTÁ EL SIDA INTEGRADO DENTRO DE LAS ACTIVIDADES DE LAS GRANDES AGENCIAS COMO LA UNESCO, LA ORGANIZACIÓN INTERNACIONAL DEL TRABAJO (OIT) O LA FAO?

Empieza a estarlo ahora. La OMS es, por supuesto, la más activa de las agencias especializadas. Pero ese dinamismo es reciente, es cosa de hace unos pocos años. La Organización de las Naciones Unidas para la Educación, la Ciencia y la Cultura (UNESCO) es cada vez más activa, mucho más que antes, y es debido, en gran parte, al efecto ONUSIDA. La presidencia del comité de organización de las agencias es rotativa y fue un año en que dicha presidencia le correspondía a la UNESCO cuando se reformó con el fin de integrar el sida. La educación es muy importante para la prevención del sida entre los jóvenes. En lo que respecta a la agricultura está, sobre todo, el PMA (Programa Mundial de Alimentos), una agencia hermana de la FAO (Organización de las Naciones Unidas para la Agricultura y la Alimentación) muy activa en el ámbito del sida, especialmente en el África Austral, donde ofrece una ayuda nutricional a las personas infectadas y a los huérfanos. No olvidemos los que decía Bertolt Brecht: "Es kommt das Fressen, dann kommt die Moral". Primero la alimentación, después la moral. No sirve de nada hablar de moralidad a una mujer enferma sin ningún tipo de recursos. El PMA desempeña, asimismo, un papel muy importante en los programas de tratamiento para los enfermos. Un estómago vacío y la toma de antirretrovirales no son una buena combinación. Los huérfanos necesitan un techo, alimentos, escuela y protección. Este programa cubre también las necesidades alimentarias de las familias más pobres.

·   El papel que desempeña el PMA sirve como un buen ejemplo práctico de lo que debería ser la multisectorialidad. Muy a menudo, las burocracias no están organizadas para enfoques que abarquen a más de un sector. Cada burocracia tiene su propio punto de vista respecto a los problemas: un médico administrará un medicamento sin preguntarse necesariamente si su paciente también cuenta con la alimentación precisa. La educación en salud se puede llevar a cabo en la escuela primaria, ya que es ahí donde se reúnen la mayoría de los jóvenes de los países con renta baja. La escolarización de los jóvenes, incluidas las niñas, sigue progresando. El reto es pensar de manera global y buscar soluciones concretas. He subestimado la resistencia de los sistemas burocráticos, que hace que a un agente responsable de la agricultura o el desarrollo rural le cueste mucho comprender que el sida forma parte de su trabajo. La primera agencia en poner en práctica dichos principios fue la Agencia de Cooperación Alemana, la GTZ. En Tanzania o Burkina Faso cuentan con proyectos integrados en los que el sida está incluido. El responsable de desarrollo rural es capaz de hablar del sida como si fuera un experto de la OMS. Ésa es la meta, pero para ello hace falta motivación y estímulos. En la evaluación del Programa de Urgencia contra el Sida del presidente de los Estados Unidos (PEPFAR) está previsto adjuntar una sección en el informe anual en la que los responsables de cada proyecto tienen que dar cuenta de sus actividades de colaboración y coordinación. Es más de lo que hace por el momento cualquiera de las agencias de las Naciones Unidas. El signo más evidente de actividad en cualquier burocracia es que hay que justificar lo que se ha hecho y lo que no en ciertos sectores.

La larga marcha a través de las instituciones me hace perder la paciencia. Ése es el motivo por el que la esencia de la acción de ONUSIDA está cambiando de tres formas distintas. Por un lado, se ha puesto énfasis en los programas nacionales, mientras que al principio luchábamos más en un plano mundial. En segundo lugar, hemos pasado del alegato al apoyo para la puesta en marcha. Y por último, antes estábamos más bien orientados hacia el Sistema de las Naciones Unidas, teníamos que encargarnos de coordinarlo, pero ahora somos más extrovertidos, salimos cada vez con más frecuencia al exterior y nuestra responsabilidad ha cambiado *de facto*. Tenemos la responsabilidad de coordinar a todos los agentes internacionales junto con los gobiernos, naturalmente, que son quienes deben encargarse de la coordinación nacional. Es un gran cambio. Y ahora viene el trabajo más duro, que es menos espectacular, menos apasionante, puesto que se trata de apoyar a los países a poner en marcha sistemas permanentes. No necesitamos más iniciativas nuevas, con las que tenemos es suficiente. Es hora de ponerlas en marcha y para ello hacen falta otras estrategias. La gestión y la excelencia en la Administración serán cada vez más importantes. Hace 15 años, Michael Merson, director del Programa para el Sida de la OMS, intentó instaurar los sistemas nacionales, pero en aquella época el sida no formaba parte de la agenda política de los países. Los gobiernos y los ciudadanos aún no se habían hecho cargo del sida. Siempre me he dicho a mí mismo: ¿para qué sirve reforzar las estructuras administrativas, si no estamos convencidos de que el sida es un problema que tiene soluciones? No obstante, creo que ya hemos llegado a esa fase: las cosas han cambiado en 15 años. Por ejemplo, China, India o Vietnam son países que han evolucionado considerablemente en estos últimos años en cuanto al concepto del sida y, en parte, ha sido gracias a nosotros.

En cada país, la mayoría de las agencias de las Naciones Unidas llevan a cabo únicamente funciones de peritaje y apoyo técnico en lo referente a las actividades sobre el sida. Muy pocas gestionan programas o invierten en actividades concretas. ¿Es eficaz su papel? ¿Deberían implicarse dichos agentes más en los programas?

Desde que existe el Fondo Mundial de Lucha contra el Sida, la Tuberculosis y la Malaria, el Banco Mundial garantiza a menudo entre el 20 y el 50 por ciento de la financiación de los programas contra el sida en los países en vías de desarrollo, mientras que antes llegaba a veces hasta el 80 por ciento. Las demás agencias de las Naciones Unidas contribuyen a la financiación de programas nacionales como máximo en un 2-5 por ciento. Ello refleja la situación del Sistema de las Naciones Unidas, y es una razón más para reorganizar y racionalizar las contribuciones. Pero, ¿cuál es la misión del Sistema de las Naciones Unidas? Desarrollar las capacidades, ejercer influencia sobre los políticos y las estrategias, proporcionar el apoyo técnico y abordar la colaboración con la sociedad civil. Estoy totalmente en contra de que una agencia de las Naciones Unidas administre programas o proyectos, eso ya pertenece al pasado. En general, las ONG o las empresas, o incluso los ministerios, gestionan y ejecutan mejor los programas. Se pueden llevar a cabo algunos proyectos, tal como sigue haciendo el Fondo de las Naciones Unidas para la Infancia (UNICEF), pero, a la larga, ¿para qué sirve? Médicos Sin Fronteras o Save the Children tienen la excusa de la urgencia y han sido pioneros en varios campos, pero en cualquier otro caso esos programas minan el desarrollo nacional. Creo que ONUSIDA tiene que implicarse en varias cuestiones: ser más valiente en cuestiones de políticas —derechos humanos y protección de las minorías—; involucrarse a la hora de fomentar la participación de la sociedad civil; e invertir aún más en el desarrollo de las capacidades y la formación. Las necesidades relacionadas con la administración, la gestión y evaluación, y el control de calidad son considerables y, a largo plazo, requerirán diferentes niveles de responsabilidad. Los consejos técnicos en cuanto al sida son cada vez menos necesarios, ya sea para realizar análisis médicos o para dirigir campañas de prevención. Hay que volver a plantearse el papel que cumplen todos los agentes internacionales y seguir preguntándose: "¿qué es lo que tenemos que hacer en esos países?". El negocio del desarrollo es enorme, es toda una industria que se ha desarrollado, sobre todo, en los Estados Unidos y en Gran Bretaña: no conozco las cifras concretas, pero estamos hablando de decenas e incluso centenares de millones de dólares.

Cada vez que visito a los equipos de las Naciones Unidas en los países, les planteo algunas preguntas estándares que pueden resultar embarazosas: "¿Cuál es nuestro valor añadido en este país? ¿Cuáles son las prioridades? ¿Qué podemos hacer con nuestra escasa financiación que otros no puedan realizar?". Según se puede deducir de las respuestas, está claro que todavía intervenimos directamente en los países más pobres y en los que acaban de salir de un conflicto, o en casos de crisis y urgencia. Y esa acción directa resulta imprescindible, puesto que si las Naciones Unidas no estuvieran presentes, sería mucho peor para la población. En la mayoría de los demás países, como los de Asia o los de Latinoamérica, nuestra función es distinta. Tomemos el caso de Brasil, que es el país más avanzado del mundo en cuanto a la lucha contra el sida, ya que ha combinado prevención y tratamiento, implicación de la sociedad civil y las empresas, y ha intentado además atacar a las raíces de la vulnerabilidad. Sin embargo, junto con Sudáfrica, es el país que presenta mayores desigualdades en la distribución de la renta. Es un país que se financia su lucha contra el sida, con fondos propios y un préstamo del Banco Mundial. ONUSIDA no tiene una oficina en Brasilia para decirle a este país qué es lo que tiene que hacer —según la mentalidad habitual en las Naciones Unidas—. Hemos firmado un acuerdo con el presidente Lula, hemos fundado un centro internacional de cooperación para el sida y hemos unido nuestros fondos. Se trata de una cooperación Sur-Sur, sobre todo, en Latinoamérica y en los países lusófonos, donde Brasil puede aportar más que los países del Norte. Nos servimos de la experiencia brasileña junto con la de expertos internacionales que tienen una visión más global: no hay que encerrarse en un contexto puramente regional que sirve a menudo como excusa para revindicar la singularidad cultural y para no tener que abordar el problema de las desigualdades entre hombres y mujeres ni la cuestión de la sexualidad. Hemos puesto en marcha una dinámica Sur-Sur junto con Brasil para no tener que recurrir sistemáticamente a los consulados del Norte que, muy a menudo, sólo son la continuación de una política colonial bajo la apariencia de la cooperación internacional.

Y hasta hace poco, las Naciones Unidas trabajaban siguiendo esa misma lógica. Tenemos que tender más bien a sistemas multicéntricos; es precisamente lo que estamos haciendo en la Secretaría de ONUSIDA, donde aplicamos una política de descentralización para crear una organización multipolar y así evitar los problemas que se producen en algunas agencias cuyas oficinas regionales son políticamente muy fuertes pero técnicamente muy flojas. En ese caso, creo que se trata de un empobrecimiento, ya que las regiones no se benefician del lado positivo de la globalización, que es la posibilidad de compartir los conocimientos, las experiencias y las técnicas.

LA PROLIFERACIÓN DE GRANDES INICIATIVAS PARA LA LUCHA CONTRA EL SIDA, TALES COMO EL FONDO MUNDIAL, LA DEL PRESIDENTE BUSH Y LAS FUNDACIONES CLINTON Y GATES —POR CITAR SÓLO LAS MÁS IMPORTANTES—, ES MUESTRA DE QUE CADA VEZ HAY UNA MAYOR VOLUNTAD PARA FORTALECER A LOS PAÍSES CONTRIBUYENDO CONCRETAMENTE EN LOS PROGRAMAS NACIONALES DE LUCHA CONTRA EL SIDA, LO CUAL ES MOTIVO DE ALEGRÍA. NO OBSTANTE, AL MISMO TIEMPO, LOS COMITÉS NACIONALES PARA LA LUCHA CONTRA EL SIDA, A MENUDO, PARECEN ESTAR ENFRENTADOS A UNA PLÉTORA

DE PROGRAMAS Y AGENTES DIFÍCILES DE COORDINAR Y CONTROLAR. ¿PUEDEN DIGERIR CON FACILIDAD SEMEJANTE AFLUENCIA?

Es una gran oportunidad para los países y, al mismo tiempo, un rompecabezas. Teóricamente, lo mejor sería que todos los proyectos pasaran por un único canal o que fueran sometidos a un único mecanismo, pero la realidad es bien distinta. Para maximizar la movilización de recursos, hay que tener opciones. Los americanos nunca habrían aprobado ese enorme presupuesto para la lucha contra el sida en los países en vías de desarrollo —3.000 millones de dólares por año— si ese dinero fuera a parar a un fondo multilateral. Se habría quedado quizá en unos 500 millones, como es el caso de la contribución americana al Banco Mundial. La Fundación Clinton se basa en la reputación de Bill Clinton; ése es su verdadero capital, lo cual no quiere decir que haya enormes sumas de dinero para repartir. Esta fundación, sobre todo, juega un importante papel en la negociación de un precio reducido para los antirretrovirales. El Fondo Mundial ha desempeñado un papel fundamental en la puesta en marcha de un mecanismo de financiación para el sida. El error histórico cometido ha sido añadir la malaria, lo cual siembra la confusión y sabotea los esfuerzos de multisectorialismo necesarios para la lucha contra el sida, y encierra la lucha en una lógica puramente médica abocada al fracaso, tal como ha sucedido en el pasado. El caso de la tuberculosis es distinto, puesto que esta epidemia está cada vez más relacionada con la epidemia del sida. El Fondo Mundial, como mecanismo, resulta absolutamente imprescindible y sin él nunca se habría conseguido la financiación de 10.000 millones de dólares en 2007. Por lo tanto, hace falta un pluralismo en las posibilidades de financiación. Sin embargo, acto seguido, ¿cómo optimizar el uso de los fondos para evitar el despilfarro y la duplicación de fondos en los países? Tomemos como ejemplo Brasil, un Estado bastante fuerte que se ha permitido el lujo de rechazar 45 millones de dólares de la Agencia de los Estados Unidos para el Desarrollo Internacional (USAID) porque no estaba de acuerdo con las políticas de prevención vinculadas con esos fondos. De hecho, aceptar dichos fondos implicaba la firma de una declaración que condenaba la prostitución. Ahora bien, en Brasil la prostitución es legal y el programa para la lucha contra el sida trabaja en colaboración con las prostitutas. Por tanto, Brasil declaró: "todos los que trabajen aquí tienen que aceptar someterse a la política nacional".

En Tailandia, India o China ocurre lo mismo. Sin embargo, en los países de África, con la excepción de Sudáfrica, el Estado es por lo general bastante débil y acepta doblegarse a las exigencias de los países donantes o de las ONG. Para mí, el principio general es que los Estados sean soberanos y puedan decidir sus políticas, tanto en lo referente al sida como en el resto de cuestiones. ONUSIDA y todas las agencias bilaterales y multilaterales han adoptado formalmente la política del "tres en uno": el compromiso por parte de cada agente que actúe en un país para apoyar el plan estratégico nacional multisectorial, para trabajar en colaboración con las autoridades encargadas de la coordinación nacional de la lucha contra el sida, que deben incluir a la sociedad civil, y para participar en un único sistema de seguimiento y evaluación de los programas. Para que todo ello tenga sentido y para evitar las tentaciones autoritarias, obviamente hay que desarrollar el plan estratégico para la lucha contra el sida de acuerdo con la sociedad civil y todos los agentes; es preciso que sea multisectorial y se base en principios coherentes. De hecho, eso ocurre solamente en una minoría de países, pero se está progresando rápidamente. Más de 40 países cuentan en la actualidad con comités de lucha contra el sida en los que participan varios ministerios bajo la autoridad del presidente o del primer ministro. El cometido de ONUSIDA es ayudar a la coherencia de dichos mecanismos. ¿Cuál sería la alternativa? ¿Canalizar toda la ayuda internacional y bilateral a través de ONUSIDA? Para mí, eso habría sido una pesadilla. Habría supuesto tener que gestionar 4.000 o 5.000 millones de dólares al año. ¿Poner en pie semejante burocracia para perder nuestra independencia en términos de estrategia? ¿Abandonar todas las funciones que he planteado y que están reñidas con la movilización de fondos? Hay demasiadas contradicciones y conflictos de intereses entre la gestión, por un lado, y la necesidad de definir las políticas, normas y la defensa de ciertos valores, por otro. Por eso, considero que el Banco Mundial o el Fondo Mundial no deben formular políticas. Es muy fácil para quien emite el cheque sustituir a quien lo recibe, y acto seguido imponer sus ideas. Con el fin de evitar la competencia y las incoherencias, hay que aplicar el principio del "tres en uno". En algunos países como Malaui o Vietnam funciona muy bien. ONUSIDA ha colaborado en la coordinación de programas tan variados como el PEPFAR[2] o el Fondo Mundial. A menudo, somos el colaborador indispensable y privilegiado del Fondo Mundial o del Banco Mundial; sin nosotros, ellos no podrían funcionar. Lo ideal habría sido inscribir dicha complementariedad en un marco formal y reconocer nuestro papel político y técnico. No obstante, es una evidencia que, de todas formas, se impone en los hechos. Hay que matizar que, a escala nacional, los funcionarios de los ministerios no siempre están interesados en que haya un enfoque coordinado. Pueden explotar las rivalidades con el fin de obtener ventajas para su departamento. En algunos Estados, un frente unido de agentes internacionales puede ser percibido como una amenaza.

CADA VEZ MÁS, COMO CONDICIÓN A SU AYUDA A LOS ESTADOS EN MATERIA DE SIDA, LA FINANCIACIÓN EXTERNA EXIGE QUE HAYA UNA MAYOR IMPLICACIÓN DE ONG Y ORGANIZA-CIONES COMUNITARIAS. EL FONDO MUNDIAL Y EL BANCO MUNDIAL HAN FIJADO INCLUSO UN PORCENTAJE MÍNIMO DE ACTIVIDADES QUE SE LES DEBEN ASIGNAR. ESTA EVOLUCIÓN ES NECESARIA. ¿NO NOS ESTAMOS ARRIESGANDO DE ESTA MANERA A QUE LOS GOBIERNOS VUELVAN A DEJAR DE ASUMIR SUS RESPONSABILIDADES?

Nuestro discurso no siempre es coherente. Muchos de los progresos en la lucha contra el sida se han conseguido gracias a la sociedad civil, especialmente en los países en los que los comportamientos de riesgo como el consumo de drogas o la prostitución son ilegales o se esconden. Hay que trabajar con los grupos de la sociedad civil, que son los únicos que tienen acceso a esos colectivos. Está muy claro. Por otro lado, a fin de cuentas, el bienestar de los ciudadanos es responsabilidad del Estado. Incluso si esa responsabilidad es a veces más teórica que otra cosa y no se da en todas partes, es el Estado quien tiene que rendir cuentas, a través de un intermediario como pueden ser el parlamento o las elecciones. Es el Estado quien cuenta con los medios económicos para desarrollar políticas a largo plazo. Es el Estado quien tiene la obligación de proteger a los más vulnerables y débiles. Por lo tanto, ambos, sociedad civil y Estado, son imprescindibles.

Yo lo veo en los consejos de administración de ONUSIDA y del Fondo Mundial. ¿Qué representatividad tienen las organizaciones civiles presentes en ellos? Los representantes no son elegidos. Por otro lado, introducen una dinámica y una dimensión muy crítica; a menudo son personas que viven con el sida. Algunos hablan una jerga política que me resulta incomprensible, hablan como algunos diplomáticos o funcionarios de las Naciones Unidas.

Nos encontramos ante un dilema y necesitamos una reflexión mucho más amplia y general. A menudo, en los problemas contemporáneos, son los movimientos de la sociedad civil quienes dan la voz de alarma y los proyectan al escenario internacional: Greenpeace, los movimientos de liberación de las mujeres o de los homosexuales, los movimientos que luchan contra la explotación infantil y, naturalmente, los que luchan contra el sida. Esto seguirá siendo necesario, es la expresión de la gente de las bases, que son los primeros afectados. Pero, ¿cómo integrar esta esfera de influencia en la gobernanza mundial? No es fácil. Cada vez que ONUSIDA organiza un evento, como las sesiones extraordinarias de las Naciones Unidas sobre el sida, siempre trato de implicar al máximo a la sociedad civil. Pero, obviamente, incluir en su delegación a los representantes de la sociedad civil queda en manos de los Estados, y muy pocos lo hacen, incluidos los de Europa. Asimismo, tenemos que evitar ser ingenuos: algunas ONG, como Oxfam, Save The Children, Médicos Sin Fronteras, Greenpeace o Family Health International, son grandes empresas multinacionales. No lo digo por criticarlas, pero es la realidad. Algunas de ellas viven únicamente gracias a grandes contratos con los Estados: lo único que las diferencia de las demás empresas es que invierten sus beneficios en obras sociales. Ejecutan una serie de programas y lo hacen muy bien. ¿Representan dichas organizaciones a la sociedad civil? En la actualidad están de moda las *faith-based organisations*, organizaciones religiosas que realizan una considerable labor en terreno, siendo a menudo los únicos en asumir esta tarea, incluida la lucha contra el sida. ¿Cómo gestionar esta cuestión de la representatividad? Se trata de un gran dilema para el conjunto del sistema internacional y para el desarrollo. Una comisión de las Naciones Unidas, presidida por el ex presidente brasileño Fernando Henrique Cardoso, ha comenzado a reflexionar sobre la interacción entre la sociedad civil y el Estado. Una vez más, un problema como el sida se convierte en un test a tamaño natural y podemos aprender mucho de nuestra experiencia. Hay que seguir siendo firmes y hacer que los Estados hagan frente a sus responsabilidades: reforzar las capacidades del Estado, de acuerdo, pero que él proporcione los servicios a los que los ciudadanos tienen derecho. Algunos socios que aportan capital, con su política de ayudas, sabotean la función del Estado. Hay que llevar a cabo un análisis dialéctico. Los socios que aportan capital proclaman que "el Estado no tiene capacidad para coordinar la lucha contra el sida o no tiene medios para ello; por lo tanto, vamos a dar todo nuestro dinero a las ONG". De esta manera, se reduce aún más la capacidad del Estado, porque esas mismas ONG reclutan al personal capacitado y competente que trabaja, por ejemplo, en el Ministerio de Sanidad. Dos años después, los socios que aportan capital nos dirán: "lo ven, teníamos razón". Las ONG trabajan, por lo general, en proyectos muy específicos, y ése es su cometido. Pero no se llevarán a cabo acciones en el ámbito general, en aquellos campos que queden fuera de la agenda internacional, que no estén de moda o que sean menos espectaculares, como la prevención del VIH, o que sean controvertidos. Hay una miríada de lagunas muy importantes en el ámbito de la organización social, precisamente como consecuencia de esas políticas.

Creo que ya es hora de reforzar el Estado y los servicios públicos en muchos países. Los socios que aportan capital son los grandes responsables de que actualmente haya tantas carencias, ya que durante muchos años han debilitado a los Estados, que tenían que despedir a sus funcionarios para cumplir con las cuotas requeridas por el *medium terme expenditure framework*, el plan a medio plazo negociado con el FMI y los socios que aportaban capital para ese país. Siempre la tomamos con el FMI que, evidentemente, tiene una gran responsabilidad, pero todos los socios que aportan capital, Francia y Bélgica incluidos, van por el mismo camino. Es muy fácil firmar los acuerdos a escala nacional y después criticar al FMI. Esta lógica ha provocado la negligencia de las infraestructuras y de la capacidad del Estado.

Pero cada vez vamos siendo más realistas. El informe del Banco Mundial de hace tres años tenía como tema "la capacidad de los Estados" y defendía que se reforzara esa capacidad perdida. El propio Banco ha dicho lo contrario durante años. Este asunto surge junto con el sida y la ayuda al desarrollo, que debería duplicarse en los próximos años. ¿Quién va a absorber esta ayuda? Incluso en China, en algunas provincias, hay más dinero para tratamiento de personas que viven con el VIH que recursos humanos para proveer esos servicios. Se ha descuidado la formación de personal sanitario y se ha establecido una política de salarios bajos que hay que revisar. Sin mencionar el reclutamiento activo de personal médico por parte de los países con renta alta, como Sudáfrica o el Reino Unido. Por un lado se aumentan las ayudas, pero por el otro se llevan a los recursos humanos que han sido formados con un alto coste por esos países. Formar a una enfermera es extremadamente caro para los presupuestos de Sanidad y Educación, lo cual no quiere decir que hay frenar la migración en el mundo. Ése es un aspecto positivo de la globalización y siempre ha existido. No tenemos más que pensar en Estados Unidos, donde el desarrollo se ha basado en gran parte en la emigración. Hace falta un enfoque global. Todo esto me lleva a decir que no se pueden resolver los problemas como el sida si únicamente consideramos el lado médico o el ámbito nacional. Todo está relacionado. Se trata de un gran reto porque ¿quién tiene competencia para pensar a esta escala global? ¿Quién entiende la complejidad del mundo en su totalidad? ¿Cómo tener total conocimiento de las nuevas reglas que van a definir la propiedad intelectual y las consecuencias de esos cambios en el acceso a los medicamentos, la migración de los recursos humanos y profesionales, los aspectos de los derechos humanos, los conceptos de la sexualidad? Son demasiadas cosas a la vez.

Ésa debe ser la ambición de ONUSIDA: ser el punto cardinal en el que se consideren todas las consecuencias y en el que se pueda implicar a todos los agentes de forma coherente. Por eso, tenemos que trabajar junto al FMI, la Organización Mundial del Comercio (OMC) o los ministerios de Finanzas y Planificación. En el ámbito de la salud, ya hay experiencia. ¿Es posible buscar la coherencia, cuando la complejidad es cada vez mayor? Y mientras tanto, las agendas a escala mundial se deciden de manera no democrática y las tecnologías se propagan y escapan a los controles. No me quejo, pero todas esas evoluciones suceden al margen de cualquier debate social. Lo mismo ha sucedido con la introducción del tratamiento antirretroviral en los países en vías de desarrollo: en Camerún o Sudáfrica, las ONG comienzan los tratamientos y después declaran "se nos ha acabado la financiación". No continuar sería una tragedia, pero no se produce un debate social. ¿A quién tratar? ¿Cómo? ¿Quién va a financiarlo? ¿Sigue siendo soberano un país, si depende de la ayuda exterior para la supervivencia de un 10 o un 15 por ciento de su población? Ése será el caso de la mayoría de los países del África Austral. Es ya el caso de Mozambique y Uganda, donde un 40 por ciento del presupuesto del Estado está financiado por la ayuda exterior. Si, además, es la vida de los individuos lo que depende directamente de esa ayuda, ¿qué opciones tienen esos Estados?

NOTAS

1. (www.un.org/largerfreedom/).
2. (www.pepfar.gov).

LOS TRATAMIENTOS ANTIRRETROVIRALES Y LA PREVENCIÓN

EL ACCESO A LOS TRATAMIENTOS ANTIRRETROVIRALES · LA APUESTA POR EL FUTURO Y LAS INCERTIDUMBRES · EL ACCESO A LOS TRATAMIENTOS ANTIRRETROVIRALES PUEDE DISFRAZAR LAS NECESIDADES DE LA PREVENCIÓN · EL PELIGRO DE VOLVER A MEDICALIZAR EL SIDA · LA REFORMA NECESARIA DE LOS SISTEMAS SANITARIOS · NEGOCIAR LOS PRECIOS DE LOS TRATAMIENTOS CON LAS MULTINACIONALES FARMACÉUTICAS

DESDE HACE DIEZ AÑOS, SE HA PRODUCIDO UN ESPECTACULAR PROGRESO TERAPÉUTICO PARA EL TRATAMIENTO DEL SIDA EN LOS PAÍSES CON RENTA ALTA. SE PUEDE VIVIR CON EL SIDA, QUE PARA MUCHOS SE HA CONVERTIDO EN UNA ENFERMEDAD CRÓNICA. GRACIAS A LOS ANTIRRETROVIRALES, LA MORTALIDAD HA DISMINUIDO CONSIDERABLEMENTE. NO OBSTANTE, EN LOS PAÍSES CON RENTA MEDIA O BAJA, DONDE SE CONCENTRA LA INMENSA MAYORÍA DE LAS PERSONAS INFECTADAS, MILLONES DE PERSONAS ESTÁN CONDENADAS, Y ESO VA PARA LARGO. POR LO MENOS DOS MILLONES DE NIÑOS MENORES DE 15 AÑOS ESTÁN INFECTADOS POR EL VIH Y UN 15 POR CIENTO TIENE ACCESO A UN TRATAMIENTO PEDIÁTRICO PARA EL SIDA. A ESCALA INTERNACIONAL, A MENUDO, NOS DA LA IMPRESIÓN DE QUE SE ACEPTA ESTA SITUACIÓN.

Hay que observar la evolución. ¿Cuántas personas son tratadas en la actualidad con los medicamentos antirretrovirales en esos países? Más de dos millones y medio. Es un progreso considerable, aunque todavía siete millones de personas necesitarían urgentemente esos medicamentos. De hecho, hasta hace unos cuantos años, algunos responsables políticos de importantes organizaciones nacionales e internacionales, así como prácticamente todos los países donantes —excepto Francia—, la Comisión Europea o el Banco Mundial nos decían: "es imposible, los pacientes de los países en vías de desarrollo nunca van a poder adherirse a esos tratamientos tan complicados y demasiado caros". En la declaración del compromiso de seguimiento de la sesión extraordinaria de las Naciones Unidas del año 2001, no se menciona ningún tipo de objetivo concreto en lo que concierne al acceso a los tratamientos antirretrovirales. Casi todos los países africanos, asiáticos y europeos se mostraban en contra, excepto los países hispanoamericanos, el Caribe y Francia. Para finales de 2008 se alcanzará probablemente la cifra de tres millones de personas infectadas que reciben tratamiento. ¿Quién lo hubiera pensado?

SIGUE HABIENDO UN GRAN ESCEPTICISMO SOBRE LA POSIBILIDAD DE EXTENDER LOS TRATAMIENTOS ANTIRRETROVIRALES A GRAN ESCALA DEBIDO A LA FRAGILIDAD ESTRUCTURAL DE LOS SISTEMAS SANITARIOS, EL COSTE DE LOS ANTIRRETROVIRALES, LOS PROBLEMAS DE ADHERIRSE A TRATAMIENTOS PARA TODA LA VIDA Y EL POSIBLE RIESGO DE LAS RESISTENCIAS VIRALES. ¿ES REALISTA ASPIRAR A UN ACCESO GENERALIZADO DE LOS TRATAMIENTOS?

Todos esos problemas son reales. Las resistencias a los antirretrovirales se incrementarán; en un momento dado, se llegará a alcanzar el límite de la capacidad máxima de los sistemas sanitarios, debido, también, a la falta de infraestructuras a escala nacional. Nos encontramos en la fase de lo posible. A menudo, me irrito cuando se describe a África como un continente sin servicios sanitarios, que, a veces, son excelentes: hay hospitales con personal cualificado que sirven como centros de referencia a escala nacional. No admito el argumento de la fragilidad de las infraestructuras como excusa para negar el acceso a los medicamentos a precios más asequibles. Nuestro objetivo ha de ser el de llegar a una especie de saturación de la capacidad de dichos servicios. Si podemos hacerlo, conseguiremos que haya unos cuantos millones de personas bajo tratamiento antirretroviral. Lo que venga luego será más complicado, no sólo por la falta de infraestructuras sanitarias a gran escala, sino también porque harán falta muchos recursos humanos. Tantos años de política de reajustes estructurales han diezmado los servicios sanitarios. Los salarios del personal, si se cobran, son bajos. Además, como estos trabajadores son funcionarios públicos, los Estados no se atreven a revalorizar la profesión, ya que eso supondría tener que llevar a cabo una revalorización general del funcionariado. Esto explica la fuga de las personas mejor cualificadas al sector privado. Además, desde hace varios años estamos presenciando una emigración masiva del personal sanitario de África y Asia debido al reclutamiento activo por parte de los países con renta alta.

Por otro lado, ¿cuánto durará el impacto positivo del tratamiento en la sociedad? Cinco años, diez años, treinta años. Lógicamente, eso estará muy limitado por las moléculas actuales, utilizadas para el tratamiento. Hablemos también de la financiación. ¿Hasta qué punto se van a comprometer los países occidentales para seguir financiando el tratamiento de todos esos enfermos? Podría surgir alguna fórmula nueva en materia de desarrollo. Son preguntas abiertas para las que nosotros no tenemos respuestas. Se trata de una apuesta sobre el futuro. Se pueden encontrar elementos para ser optimistas en el hecho de que en los países con renta alta, tras prácticamente diez años de tratamiento, la mayoría de los pacientes —aunque no todos— pueden vivir con la infección gracias a los retrovirales. Asimismo, podemos confiar en la fabricación de moléculas que serán más fáciles de tomar para el paciente. En las indicaciones de algunos tratamientos actuales de primera línea basta con una sola toma de medicamento al día. Lo cual ya es mucho si lo que queremos es conseguir que el 100 por ciento pueda adherirse al tratamiento. Sin embargo, estudios recientes han revelado que, en varios países africanos, los pacientes respetan el régimen de tratamiento tanto o incluso mejor que los pacientes de los países industrializados. Pensar que no se pueden utilizar los medicamentos de forma segura en los países pobres es un mito. En Brasil, un programa de distribución gratuita de antirretrovirales, incluidas las versiones genéricas, a más de 100.000 personas ha reducido considerablemente los fallecimientos y la hospitalización relacionados con el VIH/sida a la vez que ha generado actividad económica por valor de centenares de millones de dólares. Brasil sigue siendo un país laboratorio en el que sería importante poner en marcha un sistema de seguimiento y evaluación, y para observar los efectos de los tratamientos en la percepción que el público tiene de la infección.

EL ACCESO A LOS TRATAMIENTOS PUEDE REFORZAR LA PREVENCIÓN, CONCRETAMENTE INCITANDO A LOS INDIVIDUOS A SOMETERSE A UN TEST SABIENDO QUE, SI SON SEROPOSITIVOS, PODRÁN ACCEDER A TRATAMIENTOS EFICACES Y APOYO PSICOSOCIAL. SIN EMBARGO, ENFATIZAR EXCLUSIVAMENTE LOS TRATAMIENTOS PUEDE REPRESENTAR UN PELIGRO CONSIDERABLE PARA LA PREVENCIÓN, SI SE BANALIZA LA INFECCIÓN DEL VIH.

Los activistas han ayudado a incorporar el tratamiento en la agenda política, lo cual resultaba imprescindible. Sin embargo, parece que ciertas organizaciones se olvidan de reforzar simultáneamente la prevención. Cada persona infectada por el VIH es una persona infectada de más. El tratamiento, en sí mismo, será por definición, económicamente inabordable si se añaden cada año altas cifras de nuevos infectados. Esto supondría que en 2010 habría que añadir varios millones de personas más bajo tratamiento. No reflexionamos lo suficiente. Seguimos practicando un modelo reactivo, sin concebir una estrategia a largo plazo. He forzado a ONUSIDA a que desarrolle escenarios para el futuro. Porque se trata de reflexionar sobre las consecuencias a largo plazo del acceso generalizado a los tratamientos. Es probable que, dentro de algunos años, muchos de los pacientes actuales estén obligados a recurrir a los tratamientos de segunda línea, con inhibidores de proteasa. Son tratamientos más fuertes y más caros, y habrá que negociar nuevos acuerdos con las multinacionales farmacéuticas. He negociado personalmente un descenso de los precios para los medicamentos del 90 por ciento, lo cual parecía imposible hace unos cuantos años. Hemos pasado de más de 13.000 dólares anuales por un tratamiento a menos de 200 dólares. Sin embargo, hay un límite en el descenso de los precios: hay que respetar los costes de producción y de distribución. En los países en vías de desarrollo, los medicamentos los pagan, en gran parte, los pacientes, y constituyen el principal gasto sanitario de los hogares pobres. El coste de los medicamentos queda, simplemente, fuera del alcance de la gran mayoría de la gente. Incluso un precio por debajo de un dólar diario para los antirretrovirales sigue siendo demasiado elevado y hay que subsidiarlo. El tratamiento contra el sida permite no sólo salvar vidas, sino también preservar sociedades enteras. En nombre de la excepcionalidad, dichas inversiones son y seguirán siendo imprescindibles. A largo plazo, no podemos negar que las soluciones deben venir de la mano de la prevención.

UN AMPLIO ACCESO AL TRATAMIENTO, ¿NO ACARREA, PRECISAMENTE, EL PELIGRO DE VOL-
VER A MEDICALIZAR EL SIDA Y DEL REGRESO DE UNA PRÁCTICA CENTRADA EN EL TRATA-
MIENTO MÁS QUE EN LA PREVENCIÓN? LOS SERVICIOS SANITARIOS DE UN PAÍS CON RENTA
BAJA NO SON, POR LO GENERAL, UN LUGAR DONDE EL PERSONAL TIENE TIEMPO, EXPE-
RIENCIA Y GANAS DE DEDICARSE A ASESORAR INDIVIDUALMENTE Y A INFORMAR SOBRE LOS
CAMBIOS EN EL COMPORTAMIENTO SEXUAL. SIRVA DE TESTIMONIO LA LARGA HISTORIA DE
LAS ENFERMEDADES DE TRANSMISIÓN SEXUAL. POCOS TRABAJADORES DEL SECTOR SANI-
TARIO SE TOMAN EL TIEMPO DE INFORMAR AL PACIENTE SOBRE LA NECESIDAD DE LA ABS-
TINENCIA SEXUAL O DEL USO DEL PRESERVATIVO. ADEMÁS, LA PREVENCIÓN DEL VIH, EN
GENERAL, TIENE LUGAR FUERA DEL SISTEMA SANITARIO. UNA ESPERANZA MUY EXTENDIDA
ES LA DE CREER QUE LA CONSOLIDACIÓN NECESARIA DE LAS INFRAESTRUCTURAS SANITA-
RIAS DARÁ PASO A UNA MEJOR LUCHA CONTRA EL SIDA, EXCEPTO EN EL CASO DEL TRATA-
MIENTO Y LA PREVENCIÓN DE LA TRANSMISIÓN DE MADRE A HIJO. PARA CONSEGUIR UNA
MEJOR PREVENCIÓN DEL VIH, HAY QUE IMPLICAR A OTROS SECTORES, MUCHO MÁS ALLÁ
DEL SECTOR SANITARIO.

Hasta el año 2001, un año decisivo en la historia del sida, con
la sesión extraordinaria de las Naciones Unidas dedicada a esta
enfermedad, la mayoría de las agencias de cooperación para el
desarrollo de los países industrializados, excepto Francia, querían poner el énfasis exclusivamente en la prevención. No
querían invertir en el acceso al tratamiento para el sida en los
países en vías de desarrollo, argumentando que eso no era ni
realista ni posible. En la actualidad, la atención y la mayoría de
las inversiones están centradas en los tratamientos. En algunos
países, el presupuesto para la prevención del VIH ha disminuido, justo donde la suma global para las actividades relacionadas
con la lucha contra el sida ha aumentado mucho. Es muy
inquietante: nos enfrentamos todavía a alrededor de 2,5 millones de nuevas infecciones al año. Es una cifra increíble, y esos
millones de personas se añaden cada año a los que ya precisan
un tratamiento. Por tanto, el tratamiento a largo plazo no será

posible si antes no se invierte en la prevención. Para el futuro, nuestro objetivo ha de ser una generación sin VIH. Es irrealista pensar que nadie resulte infectado, pero, por lo menos, que el número de nuevos infectados sea extremadamente limitado.

¿Por qué tanta atención a los tratamientos en comparación con la prevención? Se trata de un problema general. Las personas infectadas están muy motivadas y se muestran muy activas para exigir un tratamiento médico; para ellas es un asunto de vida o muerte. La prevención del VIH no cuenta con ese tipo de activismo. La prevención también es un asunto vital, sin embargo, hacerse un seguro para un riesgo o un problema de salud lejano es menos popular. Todavía estoy esperando a ver quién es la primera persona que me dice "gracias por haberme dado un preservativo que me ha salvado la vida", aunque constantemente se oye "gracias por los medicamentos que me han salvado". Sin embargo, tanto una como otra son ciertas. Una vez más, la prevención del VIH implica aspectos molestos; hay que preocuparse del sexo y de la droga, unos problemas que la sociedad no quiere ver. Reducir la lucha contra el sida a un acto médico sería cómodo para mucha gente, así se evita poner en tela de juicio los valores y la mirada que dirigimos a la propia sociedad.

En ONUSIDA decidimos intensificar nuestras actividades en el ámbito de la prevención del VIH: promover la circuncisión masculina, cuya eficacia para reducir la transmisión del VIH de hombre a mujer se ha demostrado, así como aumentar las intervenciones ya probadas como el tratamiento a base de nevirapina para reducir la transmisión de madre a hijo, o la estrategia de reducción de riesgos entre los consumidores de drogas por vía intravenosa. No se trata de oponer la prevención al tratamiento, sino de subrayar las posibles sinergias. Por ejemplo, el acceso al tratamiento antirretroviral supone recurrir a los test de diagnóstico, que favorecen la concienciación. Yo no creo que el tratamiento en sí tenga un efecto preventivo. No he visto ninguna prueba de ello. Si he visto alguna prueba, sería más bien de un efecto inverso, pero fue entre colectivos de alto riesgo del mundo industrializado. Además, aún no lo podemos saber. No obstante, hay que adaptar los programas de prevención a las nuevas realidades desde ya. El acceso a los tratamientos significa, por definición, el acceso a colectivos infectados o que creen que pueden estarlo. Es una buena oportunidad para realizar el trabajo de asesoramiento, pruebas y prevención. En mi opinión, el asunto clave de la prevención tiene dos caras: por un lado, tenemos que desarrollar grupos y organizaciones que se comprometan y luchen por la prevención del VIH. Quizá sean los jóvenes o los padres, por sus hijos. Hace falta un movimiento del estilo del Act Up para la prevención. Por otro lado, hay que crear un envoltorio más práctico y menos teórico de la prevención del VIH. Para que la prevención sea una realidad, no existe ninguna solución técnica milagrosa, no es igual que con los tratamientos, donde se dan medicamentos de primera y de segunda línea. Para la prevención, las combinaciones son mucho más complicadas e implican cambios individuales y estructurales. Es más difícil conseguir que se acepte. Queda por realizar un importante trabajo de comunicación y hay que ampliar las alianzas. Salir del gueto del sida, donde se habla entre personas que viven con el VIH, o entre científicos y médicos. Es toda una cultura y un negocio que marcha bien, mientras que se necesitan acuerdos con el mundo religioso, el mundo sindical y patronal, y los movimientos de feministas y de jóvenes. Necesitamos una coalición muy amplia no sólo para la prevención de la infección, sino también para la lucha contra el sida a largo plazo. Resulta paradójico que sea el presidente Bush, un republicano conservador, quien haya desencadenado una nueva dinámica en la lucha mundial contra el sida. Eso hubiera sido más propio de un presidente demócrata, que, sin embargo, no lo ha hecho. Aún no hemos analizado profundamente esta paradoja: la implicación de los grupos de cristianos y su reciente interés por el sida, que se han convertido en una importante fuente de esperanza para la lucha contra la enfermedad. Pero hay que pagar un precio, que es prestar más atención a estrategias que estén adaptadas a la moral cristiana, y algunos verán en ello la pérdida de la pureza de nuestro combate. Yo no tengo ningún problema con ello, en tanto en cuanto elegir una estrategia no suponga excluir otra, como la abstención o la reducción de parejas sexuales en lugar del uso del preservativo. Lo que haría falta es un programa común mínimo para todos los que se unan a una coalición contra el sida. Evidentemente, el problema reside en definir qué es lo que debe incluir el programa mínimo, un poco como en Francia, cuando la izquierda llegó al poder, así como en India con el Partido del Congreso. La estrategia mundial para la prevención recientemente propuesta por ONUSIDA ha sido aceptada por unanimidad, siendo el único punto conflictivo el del intercambio de jeringuillas. Es el resultado de años de negociación con la Santa Sede, los Estados Unidos o China. Este último país ha revisado por completo su posición respecto al sida: la política oficial actual es la reducción de los riesgos e incluye el intercambio de jeringuillas y el uso de la metadona como droga sustitutiva. Dicha política no se aplica todavía en todo el país, pero no es más que una cuestión de tiempo, puesto que la decisión ya está tomada en el Gobierno central. En vista de la urgencia, países como Japón o Suecia tampoco se han opuesto a esta política comprensiva de prevención, si bien reconocen que no lo aplicarán en su propio país. Por tanto, nos dirigimos hacia un consenso del programa mínimo, lo que ya es un gran paso. Después de los debates biológicos, éticos y a veces teológicos, el problema se centra ahora en la nivel de cobertura y la calidad de los programas de prevención del VIH en los países en vías de desarrollo.

EL ACCESO GENERALIZADO A LOS TRATAMIENTOS ANTIRRETROVIRALES EN LOS PAÍSES CON RENTA BAJA DEBERÍA IR A PAREJO CON OTRO MODELO DE DISTRIBUCIÓN DE ASISTENCIA MÉDICA. ¿CÓMO LLEVAR A CABO UNA COBERTURA NACIONAL DE ASISTENCIA MÉDICA? HABRÁ QUE INVENTAR OTRO TIPO DE RELACIÓN, DIFERENTE DE LA RELACIÓN MÉDICO-PACIENTE, IMPLICAR A LAS COMUNIDADES Y ASOCIACIONES PARA SUPERVISAR LA ADHESIÓN A LOS TRATAMIENTOS. NO PODEMOS OBLIGAR A LOS ENFERMOS A QUE ACUDAN AL HOSPITAL CADA TRES MESES PARA LLEVAR A CABO UN CONTROL.

Primero, hay que definir qué entendemos por cobertura nacional. Ningún programa abarca una cobertura universal, bien sean los servicios prenatales para las mujeres embarazadas o las tasas de escolaridad para las chicas jóvenes. ¿Por qué habríamos de ir más allá para el sida? Queda mucho por hacer en ese ámbito y harán falta inversiones considerables. Aparte de África y algunos países asiáticos, por lo general, la cobertura de asistencia médica es buena, aunque no cubre el 100 por ciento. Si, por ejemplo, la mortalidad materna sigue siendo muy alta en Asia, no se debe únicamente a la falta de infraestructuras. En la mayoría de los países afectados por la epidemia, en especial en África y el Caribe, el sistema sanitario actual no será capaz de absorber el flujo de pacientes. Los servicios existentes carecen de suficiente personal en el sector público. Hay una migración del servicio público al privado, y hacia Sudáfrica y Europa. Es un problema de remuneración. Se calcula que, en los próximos diez años, harán falta en África alrededor de 1 millón de trabajadores del sector sanitario. Las clases sociales más pobres, evidentemente, tendrán que acudir a la asistencia médica del sector público, que, en principio, es gratuito, pero, en la práctica, a menudo hay que pagar. Tomemos el ejemplo de Sudáfrica, donde el sistema sanitario es doble: público y privado. El privado da cobertura a 7 millones de personas; en el año 2000 gastó 4.200 millones de euros. El sistema público cubre a 38 millones de personas; en el año 2000 se gastó 3.000 millones de euros. La disparidad es flagrante.

Hay que considerar varias vías para tratar a los enfermos de sida; hay que superar el sistema médico clásico; si nos limitamos únicamente a los médicos y enfermeras, tocaremos techo en seguida. Por ejemplo, TASO* de Uganda se ha convertido recientemente en proveedor y supervisor de tratamiento antirretroviral a través de sus numerosos albergues comunitarios. Se puede concebir un rol diferente para los médicos y enfermeras, que realizarán el primer diagnóstico y después ejercerán una función de supervisores de calidad, pero para ello hace falta otro tipo de médicos.

Hace poco estuve en Malaui junto con el secretario permanente del Departamento para el Desarrollo Internacional (DFID) del Reino Unido y toda una delegación para revisar la respuesta contra el sida. Decidimos lanzar un programa para aumentar las capacidades humanas. Decenas de estudios ya habían abordado esos problemas, pero la mayoría de las veces no aportaban soluciones prácticas. En algunos países, como Malaui o Zambia, han elaborado el inventario de las necesidades, del coste y de las políticas que conviene cambiar. El DFID ha hecho una donación de 200 millones de dólares, no sólo para aumentar el personal sanitario, sino también para pagarles adecuadamente. El problema es que no sólo se paga mal al personal sanitario. No hay que olvidar a los profesores, agrónomos, jueces; en fin, a todos los funcionarios públicos.

El problema no se puede solucionar solamente en el Ministerio de Sanidad Pública. El entorno es complejo. ONU-SIDA ha puesto este problema en la agenda. Hay que ir más allá de las declaraciones o estudios académicos y avanzar país por país, de forma concreta. Habrá que implicar al Fondo Monetario Internacional que sigue centrado en la lucha contra la inflación y la estabilidad de la moneda, sin considerar que, para algunos países, el abismo abierto por la epidemia del sida es mucho más importante que los indicadores macroeconómicos. El Banco Mundial hace tiempo que ha reconocido sus errores. Nuestro campo de acción está cambiando constantemente, y eso es lo que hace que este trabajo sea tan fascinante.

PARA LOS PAÍSES EN VÍAS DE DESARROLLO, EL PRIMER OBSTÁCULO EN CUANTO AL ACCESO AL TRATAMIENTO HA SIDO DURANTE MUCHO TIEMPO EL PRECIO DE LOS ANTIRRETROVIRALES. Y PARA LOS PAÍSES MÁS AFECTADOS, LA IMPOSIBILIDAD DE ASUMIR SEMEJANTES CARGAS FINANCIERAS. A FINALES DE LA DÉCADA DE LOS 90, LOS TRATAMIENTOS ANTIRRETROVIRALES COSTABAN ENTRE 10.000 Y 15.000 DÓLARES POR AÑO Y POR PACIENTE. LAS ÚLTIMAS OFERTAS DE LAS GRANDES EMPRESAS SE SITÚAN EN ALREDEDOR DE 200 DÓLARES. ¿CÓMO SE HAN DESARROLLADO LAS NEGOCIACIONES SOBRE EL PRECIO CON LAS EMPRESAS FARMACÉUTICAS? ¿QUÉ ARGUMENTOS HAN EMPLEADO? ¿HAN CEDIDO TERRENO ESAS COMPAÑÍAS ANTE EL CARÁCTER INACEPTABLE DE LA NOCIÓN DE BENEFICIO TENIENDO EN CUENTA LAS DOS MILLONES DE MUERTES DE ESTE AÑO, O HA SIDO EL FUERTE ASCENSO DE LOS MEDICAMENTOS GENÉRICOS LO QUE LES HA HECHO CEDER?

Al principio, con gran asombro por mi parte, los dirigentes de esos grandes laboratorios apenas tenían conocimiento de la amplitud de la epidemia del VIH en el mundo y de los dramas que provocaba. Sin embargo, tienen que leer los periódicos y ver la televisión. Para esos dirigentes África no representa un mercado: representa, quizá, un uno por ciento de sus transacciones comerciales. No estaba dentro de su "pantalla de radar" o no formaba parte de sus preocupaciones profesionales. Ha sido preciso informar y educar a las grandes compañías sobre la amplitud del problema y hacerles afrontar sus responsabilidades. Los directores generales a menudo tenían miedo de la reacción de sus accionistas, puesto que éstos últimos lo que quieren es asegurar su dividendo. Por tanto, tuve que hablar con ellos para hacerles comprender sus intereses estratégicos, que son "dar un poco para no perder todo", porque su gran temor era la pérdida de la protección intelectual que garantiza la innovación en el ámbito de la investigación. Nunca he puesto sobre la mesa esta carta extrema: "hay que abolir las patentes". Incluso India o China, por otro lado principales productores de medicamentos genéricos, refuerzan su arsenal legal en materia de patentes, ya que recientemente han desarrollado una original industria de investigación y desarrollo en el ámbito de la informática y los medicamentos. Yo defiendo la propiedad intelectual, ya que, sin ella, no veo cómo se pueden desarrollar nuevas moléculas, pero, a cambio hay que abaratar los medicamentos.

Hay que ir en busca de un nuevo contrato social entre las compañías farmacéuticas y la sociedad. De momento, dicho contrato se basa en el hecho de que a esas empresas se les concede un monopolio de larga duración para que vendan los medicamentos necesarios para la supervivencia y el bienestar de las personas. Las empresas pueden exigir un alto precio por sus productos y acumular grandes beneficios. Como contrapartida, desarrollan nuevos medicamentos que corresponden más o menos a las necesidades sanitarias reales, y todo ello lo pagan la Seguridad Social o las compañías aseguradoras. En los países occidentales ese contrato ha funcionado relativamente bien hasta ahora; de hecho, cada vez menos, puesto que la Seguridad

Social misma se encuentra bajo presión, en especial debido al envejecimiento de la población y a las altas tasas de desempleo.

El contrato no funciona a escala mundial. ¿Quién tiene que pagar la investigación y el desarrollo? ¿Tienen que pagar los pobres tanto como los ricos? La respuesta es, por supuesto, no. El nuevo contrato que he propuesto a las multinacionales del medicamento es un contrato social globalizado: no cambia para los países ricos, pero, en contrapartida, para los países pobres hay que basar los precios en los costes de producción y distribución, y no incluir los costes de investigación y *marketing*. Es lo que se llama política de precios diferenciados. Mis argumentos fueron los siguientes: "con un sistema de precios diferenciados por países, sin duda, ustedes corren el riesgo de que haya importaciones paralelas de productos más baratos hacia los mercados del Norte. No obstante, si ustedes no lo asumen, se arriesgan a perder por completo su imagen, al igual que los productores de cigarrillos. En muchos países ustedes dependen de un mercado público; por tanto, la opinión pública tiene un impacto mayor sobre su industria que sobre otros sectores. Si a ustedes se les percibe como beneficiarios de la miseria ajena, jamás podrán volver a lavar su imagen". Ése es, en resumidas cuentas, el espíritu de lo que fueron las negociaciones, sumado a una mayor sensibilidad de los directores generales por el problema del sida y África. Y ha funcionado: las mayores reducciones de los precios de los antirretrovirales se consiguieron durante dichas negociaciones. Luego han llegado los medicamentos genéricos de Brasil, así como los procedentes de India, y la movilización de las principales ONG internacionales como Médicos Sin Fronteras y Oxfam, lo que contribuyó aún más a acelerar la caída de precios. Bill Clinton hizo que el precio descendiera realmente al mínimo posible, gracias a las informaciones muy concretas que consiguió sobre el verdadero coste de la producción del material básico de los medicamentos, un coste siempre guardado muy en secreto.

Sin embargo, continúa habiendo dos problemas. En primer lugar, los países de renta media, como los países latinoamericanos o el Caribe, cuentan con las infraestructuras necesarias para proporcionar los antirretrovirales a sus pacientes pero son demasiado pobres para comprar los medicamentos a los precios que se cobran en los países ricos. Y ahí nos encontramos en un callejón sin salida que muestra los límites del sistema actual. Dichos países no pueden beneficiarse de las condiciones más favorables de la ayuda internacional y, a la vez, representan mercados emergentes para la industria farmacéutica, que no está dispuesta a ceder en cuanto al precio. Por consiguiente, animamos a esos países a importar los medicamentos genéricos.

En segundo lugar, aún siendo los precios muy bajos, alguien tiene que pagar. Los acuerdos han llegado, en cierto modo, demasiado pronto —nunca es demasiado pronto—, ya que posteriormente los precios han bajado aún más, a menos de un dólar por día. Pero, durante las negociaciones, aún no había voluntad política para que el mayor número de personas posible pudiera acceder a los antirretrovirales. Durante algunos años, el efecto producido por dichos acuerdos ha sido pequeño, si no nulo. Apenas cien mil personas han podido ser tratadas. Sin embargo, ello ha permitido a poderosas empresas mineras del África Austral, como De Beers y Anglo American, poner tratamientos antirretrovirales a disposición de sus empleados seropositivos o afectados por la enfermedad y a familiares de éstos. Más de un 23 por ciento de los 100.000 empleados del grupo Anglo American eran seropositivos.

Es bueno que haya competencia entre medicamentos genéricos y específicos. Las dudas que planteen los genéricos seguirán estando relacionadas con su calidad. Para asegurar la calidad hay que evitar la huida hacia delante y no producir medicamentos genéricos en cada país. Hay que garantizar la calidad, y ahí la OMS tiene que jugar un papel muy importante. De todas formas, los principales laboratorios mundiales, por lo general, cuentan con una filial que produce los medicamentos genéricos. Por eso, no es necesario presentar pruebas del angelismo de los productores de medicamentos genéricos; no se trata de organizaciones caritativas. Observemos el recorrido de las acciones de esas empresas. No son moralmente "mejores". Se trata de un negocio comercial como cualquier otro.

NOTAS

* (www.tasouganda.org).

EL FUTURO DE LA EPIDEMIA

Las amenazas para la financiación de la lucha contra el sida · El Fondo Mundial de Lucha contra el sida, la Tuberculosis y la Malaria · Movilización política. Retroceso del activismo · Nuevas fuentes de financiación para la lucha contra el sida · Las esperanzas de conseguir una vacuna a pesar de la insuficiencia de la investigación privada · ¿Para cuándo las vacunas? La futura evolución de la epidemia del VIH · El SARS como catalizador de la lucha contra el sida · La globalización como factor potencial de vulnerabilidad frente al VIH · Ejercer influencia sobre el futuro de la epidemia · La conciencia universal y sus límites · La violencia estructural cometida contra el Tercer Mundo · Vivir con el sida durante mucho tiempo

La financiación internacional para combatir el sida ha aumentado de forma exponencial durante los últimos años hasta alcanzar casi los diez mil millones de dólares por año. En 1999 la cifra no alcanzaba los mil millones de dólares. Esto se debe no sólo a un aumento de la ayuda bilateral e internacional, sino también a un importante crecimiento de la contribución de los Estados mismos, que asumen

MÁS RESPONSABILIDADES PARA FINANCIAR SUS PROGRAMAS NACIONALES. AÚN CUANDO DICHAS SUMAS NO REPRESENTEN MÁS QUE LA MITAD DE LO NECESARIO, LOS PROGRESOS SON IMPRESIONANTES. ¿SE PODRÁ MANTENER SEMEJANTE MOVILIZACIÓN EN EL FUTURO?

Tenemos que presentar resultados. No podemos reclamar financiaciones excepcionales infinitamente. La lucha contra el sida ha de mostrar su eficacia en los países en términos de infecciones evitadas y vidas salvadas, más allá de los buenos resultados nacionales ya conocidos de Uganda, Brasil o Tailandia. Además, hay que seguir con la movilización política sin cesar y buscar financiación exterior para la ayuda clásica al desarrollo.

El sida exige que se tenga en cuenta su carácter excepcional. En ningún lugar presenciamos una estabilidad de la expansión del sida ni el famoso equilibrio epidémico: ni a escala mundial, ni en la mayoría de los países, y mucho menos a largo plazo. La epidemia está alejándose de las características generales de las enfermedades y de las catástrofes naturales, que, en un momento dado, se estabilizan y permiten a las sociedades hacerles frente. No se trata de un problema de salud como otro cualquiera; la epidemia representa una amenaza para la cohesión social y el desarrollo en muchos países. La morbidez y la mortalidad asociadas a la misma se harán patentes durante las próximas décadas y diezmarán las capas más productivas de la sociedad. Este fenómeno se está desarrollando ante nuestros ojos. No nos olvidemos que la crisis de alimentación en los países del sur de África en 2002 y 2003 no fue debida únicamente a la sequía, sino también a un progresivo deterioro de los sistemas agrícolas, provocado sobre todo por la fuerte prevalencia del sida. Si los índices de tratamiento no aumentan rápidamente, 11 países del África Subsahariana habrán perdido a más de un 10 por ciento de sus trabajadores como consecuencia del sida. En dicha región, un niño de cada seis o siete se quedará huérfano durante los próximos cinco años. Todo el capital humano y social que se transmite de una generación a otra está amenazado. El impacto del sida sobre el aumento de la pobreza es, asimismo, muy grave, incluso en los países donde la prevalencia de la infección es menor. El sida se ha convertido en un obstáculo importante para el desarrollo de numerosos países. El aspecto crónico del sida, así como las cuestiones sensibles que están en el corazón de la pandemia y la estigmatización relacionada con el VIH hacen que la movilización política resulte extremadamente difícil. Amartya Sen subrayaba ya hace tiempo que resulta más fácil emprender una acción pública cuando se trata de problemas de gran impacto como la hambruna, las catástrofes naturales o las epidemias fulminantes, que cuando hay que enfrentarse a problemas crónicos de los que no se habla mucho, como la pobreza. En el caso del sida hay que añadir el obstáculo de los prejuicios y tabúes.

AL FUNDAR EL FONDO MUNDIAL DE LUCHA CONTRA EL SIDA, LA TUBERCULOSIS Y LA MALARIA, ¿NO SE INTENTÓ, PRECISAMENTE, SACAR AL SIDA DE SU AISLAMIENTO DÁNDOLE MAYOR VISIBILIDAD?

Siempre se puede subrayar que los problemas de salud están relacionados, que el VIH y la tuberculosis están estrechamente relacionados y que la malaria es una plaga muy importante. Estos dos problemas sanitarios padecen de una evidente falta de financiación. El Fondo Mundial ha marcado verdaderamente la diferencia en la lucha contra el sida, tanto por la amplitud de las ayudas financieras proporcionadas a los países como por su enfoque técnico eficaz, en estrecha relación con ONUSIDA. Michel Kazatchkine, el nuevo director, ha convertido a ONUSIDA en su socio más importante. Creo realmente que la lucha contra el sida es un compromiso previo para salvaguardar las sociedades, que supera con creces a la lucha contra otro tipo de enfermedades, y que requiere la solidaridad internacional.

Por tanto, desde mi punto de vista, el no reconocimiento del carácter excepcional del sida es, sin duda, una amenaza para futuras financiaciones. Además, hay que añadirle los factores medioambientales internacionales que no son previsibles: los desastres naturales, que van a absorber inmensas cantidades de dinero, y la evolución de la economía a escala mundial, que sigue siendo una gran incertidumbre. Europa y Japón no están teniendo un crecimiento económico importante. China e India se están desarrollando rápidamente, pero estos países apenas contribuyen a la solidaridad internacional frente al sida, puesto que aún tienen que subsanar grandes desigualdades internas. Sin embargo, podrían financiarse sus propios programas nacionales para la lucha contra el sida sin apelar a la solidaridad mundial.

TENEMOS LA IMPRESIÓN DE QUE, DESDE HACE ALGUNOS AÑOS, SE ESTÁ LLEVANDO A CABO UNA NUEVA CONCIENCIACIÓN SOBRE LA IMPORTANCIA DEL SIDA ENTRE LOS PAÍSES DONANTES: LOS DIRIGENTES POLÍTICOS PARECEN COMPROMETERSE MÁS FIRMEMENTE CON LA FINANCIACIÓN INTERNACIONAL QUE VA MÁS ALLÁ DE UN PROGRAMA MÍNIMO Y QUE TIENE EN CUENTA LA MAGNITUD DEL COMETIDO, INCLUIDO EL REFUERZO DE LAS INFRAESTRUCTURAS SANITARIAS.

*

Uno de los elementos más importantes de la historia reciente del sida ha sido el discurso del presidente George Bush sobre el estado de la Unión en enero de 2003. En dicho discurso anunció la asignación de 15.000 millones de dólares en cinco años para la lucha contra el sida en los países de Africa y del Caribe, que son los más afectados. La afirmación de que la lucha contra la epidemia se había convertido en una prioridad para los Estados Unidos ha cambiado por completo la situación financiera y política a escala internacional. A partir de ese momento se produjo un gran paso hacia adelante en cuanto a la financiación. Estados Unidos determina, queramos o no, cuáles serán las prioridades internacionales. Tony Blair, el primer ministro británico, prometió mil millones de dólares por año, y los demás países del Norte se han sumado al movimiento. Al dedicar tanto espacio al sida en su discurso, Bush lo convirtió en un elemento estratégico de la política internacional de los Estados Unidos. En cada uno de estos acontecimientos ONUSIDA ha desempeñado su papel, y muchos conceptos y discursos están ampliamente inspirados en nuestras reflexiones.

El cansancio de los donantes ante la lentitud del progreso podría suponer otra amenaza para la financiación internacional del sida. Algunos donantes quieren resultados trimestrales. En las empresas, eso suele ser el terror de los directores generales: una disminución mínima de un uno por ciento en el porcentaje de beneficios puede poner en peligro su posición. En el caso del sida, no sería en absoluto realista esperar cambios inmediatos. Aún harán falta muchos años para que la movilización política y los efectos de las inversiones actuales en la ampliación de los programas se reflejen en los resultados, pero al final los obtendremos. Soy optimista, pero, una vez más, ¿qué podemos esperar siendo realistas? ¿Un descenso brusco de nuevas infecciones del VIH? No, pero sí una ralentización.

¿EL ACTIVISMO QUE DURANTE LOS PRIMEROS AÑOS HABÍA MARCADO LA LUCHA CONTRA EL SIDA NO SE HA DEBILITADO DESDE QUE EL MUNDO POLÍTICO HA TOMADO, DE ALGUNA MANERA, LAS RIENDAS?

Una respuesta excepcional requiere las dos cosas: un verdadero liderazgo y un verdadero activismo. Las asociaciones de personas que viven con el VIH en los países con renta baja han tardado mucho en organizarse. Al principio, se trataba a menudo de unas cuantas personas amparadas por un donante; sin embargo, hoy en día, en las visitas que realizo a esos países he observado muchos cambios. Ya hace diez años que me reúno sistemáticamente con dichas asociaciones durante mis desplazamientos. La movilización de algunas comunidades en África es impresionante. Le doy mucha importancia a la transparencia, a la integración y a la organización de las personas que viven con el VIH; es, quizá, el mejor barómetro del nivel de estigmatización y discriminación de la enfermedad en una sociedad determinada. Es cierto que fuera de África, con la excepción de Brasil, Tailandia y Ucrania, dichas asociaciones siguen siendo embrionarias, ya que todavía no existe esa dinámica social que les permitiría desempeñar un papel activo en la prevención y el apoyo social. Ahora bien, el activismo es de vital importancia para presionar a los dirigentes políticos a comprometerse rápidamente con la acción y a luchar contra las desigualdades.

GARANTIZAR UNA FINANCIACIÓN PERMANENTE PARA LA LUCHA CONTRA EL SIDA RECAUDANDO ALGÚN TIPO DE IMPUESTO SOBRE LOS VIAJES INTERNACIONALES, COMO LO HACE UNITAID, O UN IMPUESTO SOBRE LOS MOVIMIENTOS DE CAPITAL ¿SERÍA UNA BUENA FORMA DE RECONOCER EL CARÁCTER EXCEPCIONAL DEL SIDA Y ORGANIZAR UNA NUEVA SOLIDARIDAD INTERNACIONAL?

Estamos trabajando mucho en una estrategia a largo plazo. ¿Qué hacer para asegurar la financiación en los próximos diez años para todos aquellos que están y estarán en tratamiento? Es como si nos hubiéramos olvidado de que los que reciben tratamiento con antirretrovirales siguen viviendo. Si estamos haciendo esto, es precisamente para que ellos puedan seguir viviendo durante treinta o cuarenta años. A nuestro entender, harán falta diversos recursos financieros. Depender de un único recurso es demasiado arriesgado.

UNITAID es el resultado de un prolongado esfuerzo de la comunidad internacional para movilizar parte de los recursos creados por la globalización al servicio del desarrollo. Francia y Brasil han propuesto la creación de un Centro Internacional para la Compra de Medicamentos: UNITAID. Financiada por estos gravámenes solidarios, permite reducir más los precios de los medicamentos contra el sida, la tuberculosis y la malaria en beneficio de los colectivos más pobres. Un impuesto como el adoptado por Francia y otros 24 países es un suplemento fundamental. El compromiso de los países industrializados para duplicar sus ayudas al desarrollo para 2012 parece cosa hecha, por tanto, podemos pensar que contaremos con 100.000 millones de dólares. La lucha contra el sida, incluyendo los tratamientos para aquellos que los necesiten, requiere unos 30.000 millones de dólares de aquí a 2015.

Una gran parte de esta suma debería proceder de los propios países en vías de desarrollo, lo cual es posible en Latinoamérica, Asia, Europa del Este y en algunos países africanos, pero, por lo general, África dependerá de la ayuda exterior. Los gobiernos de los países ricos se han comprometido a incrementar su contribución para la lucha contra el sida, pero esto no será suficiente. Habrá que vigilar que los impuestos sobre transportes u otro tipo de rentas no se conviertan en una excusa para que los gobiernos no paguen la parte que les corresponde en la cooperación pública al desarrollo, establecida en el 0,7 por ciento del Producto Interior Bruto (en Bélgica está situada en el 0,4 por ciento y España dedica a este apartado el 0,5 por ciento del presupuesto nacional). Sea cual sea la fórmula, hay que añadirle la condonación de la deuda de los países pobres, que, si bien es una medida menos espectacular, resulta muy eficaz. Un país como Uganda ya ha empleado una parte de sus nuevos capitales en la lucha contra el sida.

Hay que diversificar las fuentes. Quizá por medio de un impuesto sobre los movimientos de capital, pero, ¿cómo ponerlo en práctica? El mundo financiero es algo completamente difuso. Este tipo de transacciones no se caracterizan por su transparencia. Me parece más difícil de aplicar que un impuesto sobre un billete de transporte electrónico.

LAS INVESTIGACIONES SOBRE UNA VACUNA CONTRA EL VIH O SOBRE NUEVOS TIPOS DE MEDICAMENTOS PARECEN ESTAR MARCANDO EL RITMO EN RELACIÓN CON LA MAGNITUD DE LA EPIDEMIA Y LA COMPLEJIDAD BIOLÓGICA DEL VIRUS. ¿ESTÁN LOS GRANDES LABORATORIOS PRIVADOS TODAVÍA INTERESADOS EN INVERTIR EN UN SECTOR EN EL QUE NO ES SEGURO QUE VAYA A HABER BENEFICIOS?

Del mismo modo que pienso que en el caso de los medicamentos el mercado ha cumplido con su papel debido a la presencia del sida en los países ricos, lo cual ha supuesto un fuerte incentivo económico para producir nuevos medicamentos, creo que para las vacunas contra el VIH es preciso una mayor intervención del sector público. Además, siempre ha sido así con las vacunas, ya que representan un mercado especial. El público está dispuesto a pagar sumas muy elevadas por un tratamiento, pero muy poco por una vacuna preventiva. Por eso, incluso las vacunas para los niños son gratuitas y, por tanto, pagadas por el sector público. Muy pocos grandes laboratorios se muestran activos en la investigación de vacunas. Y, sin embargo, se pueden obtener beneficios. Como hay grandes riesgos, los márgenes de beneficio son más limitados. A continuación, hay que negociar con los poderes públicos, obtener la homologación, con la perpetua obsesión jurídico-bursátil por los procesos jurídicos por los efectos secundarios. Con que una persona de entre un millón emprenda un proceso legal por algún efecto secundario, las consecuencias pueden ser de millones de dólares en indemnizaciones, lo cual puede suponer la ruina del laboratorio.

En el caso del sida, nos encontramos con una dificultad adicional: se desconoce si hay posibilidades biológicas de elaborar una vacuna. El riesgo relacionado con el desarrollo de una vacuna así es considerable, y hay que realizar fuertes inversiones, del orden de 200 a 300 millones de dólares, incluso después de haber obtenido los primeros resultados positivos. Además, el mercado potencial se sitúa, sobre todo, en los países con renta baja. Por tanto, se trata de un mercado extremadamente amplio, pero la presión sobre el laboratorio que consiga la vacuna será tal, que no podrá obtener ningún beneficio. Razón suficiente para asustar a analistas de mercado e inversores privados. Por eso, desde ya hace varios años, hemos fomentado la asociación de entes públicos con privados, como la Iniciativa Internacional para una Vacuna contra el Sida (IAVI) y la Fundación Gates con la HIV Vaccine Entreprise. Se trata, desde el principio, de un consorcio de laboratorios privados, universidades y fundaciones, en el que varios gobiernos contribuyen en la financiación de la investigación. Los esfuerzos actuales no son suficientes para obtener resultados rápidos: hay que prever inversiones mucho más considerables. Recientemente nos hemos llevado una gran decepción: el laboratorio farmacéutico Merck ha puesto fin a sus ensayos con una prometedora vacuna que provocaba fuertes respuestas inmunitarias, después de que un estudio demostrara que no era completamente eficaz para proteger contra la infección. Todavía estamos muy lejos de encontrar una vacuna.

DESDE EL RECONOCIMIENTO DEL SIDA, SE HAN REALIZADO MÁS DE 70 PRUEBAS DE VACU-
NAS EN EL MUNDO. CON REGULARIDAD SE EVOCA LA POSIBLE EXISTENCIA DE UNA VACUNA
CON LA ESPERANZA DE QUE SEA EFICAZ PARA TODOS LOS SUBTIPOS DE VIH Y TODAS LAS
REGIONES DEL MUNDO. ¿SE ESTÁN PERFILANDO PERSPECTIVAS CONCRETAS?

Tenemos esperanzas, naturalmente, pero los obstáculos científicos son enormes. Definitivamente, hay que unir los esfuerzos. Un test con tres chimpancés por aquí, otro con cuatro por allá, unas cuantas decenas de vacunas en fase preparatoria...; ya es hora de pasar a otra escala. No veo perspectivas concretas a corto plazo. En las estrategias de ONUSIDA no prevemos que se consiga una vacuna eficaz antes de 10 o 20 años, a menos que se produzca un golpe de fortuna, lo cual no hay que excluir. Muchos científicos dudan de la viabilidad de conseguir una vacuna contra el VIH que sea eficaz en un 100 por ciento o un 95 por ciento, como es el caso de las demás vacunas existentes en el mercado. Si se consigue una vacuna eficaz en un 30 por ciento o un 40 por ciento, ¿qué hacemos? Introducir una vacuna semejante en una población creará nuevos problemas. Por tanto, habrá que esperar a una eficacia relativamente elevada con el fin de evitar tener que tomar una decisión de pesadilla. Hemos preparado escenarios y elaborado modelos que nos ayuden en la toma de semejantes decisiones. Pero se trata de construcciones muy racionales y, frente al sida, uno no puede siempre apoyarse en dichos esquemas.

TRAS 20 AÑOS DE EPIDEMIA DEL VIH, ¿CÓMO SE PRESENTA EL FUTURO? ¿NO ESTÁ YA,
DE ALGUNA MANERA, ESCRITO? A GRANDES RASGOS, LA CARTOGRAFÍA DE LA EPIDEMIA
PARECE ESTAR FIJADA YA. ÁFRICA SEGUIRÁ SIENDO EL CONTINENTE MÁS AFECTADO; EN
LOS PAÍSES CON RENTAS ALTAS, LA SITUACIÓN PARECE ESTAR CONTROLADA. EN ASIA,

LA EPIDEMIA PODRÍA SEGUIR CONCENTRADA EN LOS GRUPOS CON COMPORTAMIENTOS DE ALTO RIESGO.

No, desde el punto de vista histórico, aún nos encontramos en la fase inicial de la epidemia. El desarrollo que pueda tener en Asia, Europa del Este y América central es imprevisible. ¿Habrá epidemias más generalizadas en dichos continentes? Es difícil responder a eso. Sería un error extrapolar y pensar que, por ejemplo, en India se producirá una evolución similar a la de África. El contexto social, el comportamiento sexual, las culturas... todos estos factores son completamente diferentes. Existirán, probablemente, modelos de expansión de la epidemia propios de la India o de ciertas regiones de China que reflejen la gran diversidad de dichos factores. Por ejemplo, la evolución de Papúa-Nueva Guinea está siguiendo el modelo de la epidemia en África.

Resulta muy complicado proyectar el futuro, sin embargo, podemos constatar una serie de fuertes tendencias. La feminización de la epidemia en cada región; la globalización de la epidemia, lo cual significa un lenta expansión continua, con muy pocos países —quizá el Oriente Medio— en los que el sida no será un problema. Sin duda, muy pronto observaremos un descenso de nuevas infecciones entre los jóvenes de varios países de África del Este. Las tendencias a la baja que observamos en dicha región no se han dado por casualidad. En varias grandes ciudades africanas la tendencia es similar, lo cual resulta muy alentador. Pero los efectos de estos cambios en cuanto a la morbidez y mortalidad no se apreciarán a corto plazo. Primero, se observará el descenso de la prevalencia de la infección en las estadísticas e informes, con curvas epidémicas descendentes. Ello no se traducirá en la experiencia concreta de las poblaciones locales. Las familias seguirán llorando a sus muertos y estando afligidas durante mucho tiempo. El impacto del sida sobre la mortalidad, la economía, las familias, con millones de huérfanos, seguirá aumentando a corto y medio plazo, lo cual puede provocar sentimientos muy negativos hacia la prevención. Dicho impacto es todavía muy difícil de medir; solamente hemos empezado a censar la cantidad de huérfanos de cada país. Pero hay que ir más allá de las cifras. Hay que llevar a cabo una vigilancia mucho más localizada, como la que efectúan las ONG y el gobierno en Zambia. El problema que me preocupa no es el de definir con precisión el número de personas infectadas por el VIH. Un millón en China o 2,5 millones en la India: eso no significa nada concreto para la gente, para la nación o para la planificación. Hay que acercarse lo más posible a las comunidades en las que se pueda medir el impacto, lo cual representa un gran reto en términos de organización. Las tendencias futuras determinantes están relacionadas con el descenso esperado en nuevas infecciones del VIH, patente ya en los países más afectados, así como con lo que ocurre en las grandes poblaciones de Asia. Un distrito de la India representa entre uno y cuatro millones de habitantes, más que Botsuana, Namibia, Lesoto y Suazilandia juntos. Cualquier mejora en cuanto al número de infecciones del VIH en la India o en China se traduce inmediatamente en cambios radicales en las estimaciones a escala mundial del número de personas infectadas por el VIH.

No conozco muchos problemas de salud o enfermedades que sean objeto de estimaciones a escala mundial cada dos años, ni de revisiones a la baja o al alza, dependiendo de las nuevas evidencias epidemiológicas. Siempre habrá gente malintencionada que verá en ello ciertas manipulaciones. Las percepciones tanto locales como regionales del riesgo relacionado con el VIH cambian casi independientemente de las cifras a escala mundial. El SARS, la epidemia

DE NEUMONÍA ATÍPICA AGUDA, PARECE HABER DESEMPEÑADO UN PAPEL CATALIZADOR EN LA CONCIENCIACIÓN EN CUANTO AL SIDA EN ASIA. Y, SIN EMBARGO, CON SUS 10.000 CASOS Y MENOS DE MIL FALLECIMIENTOS, EL SARS SIGUE ESTANDO MUY LEJOS DE LA IMPORTANCIA DE LA INFECCIÓN DEL VIH.

La epidemia del SARS ha sido el factor más importante que ha modificado radicalmente la percepción del sida entre las autoridades centrales chinas. A escala provincial, aún se precisan muchos progresos. El SARS ha sacudido a los Estados de la región al mostrarles que una epidemia puede desestabilizar una sociedad y provocar considerables consecuencias económicas, y que las fronteras nacionales no suponen una barrera para un virus. Estos acontecimientos han demostrado que hace falta un liderazgo que no se limite a la Sanidad o a la comunidad médica, que es fundamental que haya apertura y transparencia en los datos epidemiológicos. Es por el interés del país. Ocultar la realidad es peor y aleja a los inversores extranjeros, que tienen en cuenta la transparencia en caso de epidemia como factor de riesgo para sus inversiones. Una epidemia como el SARS no se contabiliza únicamente en números de muertos, los cuales han sido escasos; entraña una toma de conciencia de la fragilidad de las sociedades frente a los nuevos riesgos sanitarios.

LA GLOBALIZACIÓN PRODUCE RIQUEZA EN ALGUNAS PARTES DEL MUNDO O PARA ALGUNAS CAPAS DE LA SOCIEDAD, PERO TAMBIÉN DESTRUYE CULTURAS, GENERA NUEVAS DESIGUALDADES, ACELERA LA URBANIZACIÓN, ENTRAÑA UNA MODIFICACIÓN DE LOS COMPORTAMIENTOS SEXUALES Y NUEVOS RIESGOS PARA EL SIDA. ¿PUEDEN ESTAS NUEVAS FUERZAS ESTRUCTURALES INFLUIR EN EL FUTURO DE LA EPIDEMIA PRODUCIENDO NUEVAS VULNERABILIDADES?

Ya se observan fenómenos así en China y Vietnam; ese desarrollo económico tiene varias consecuencias: están los que han sido dejados de lado, y también hay un empobrecimiento de ciertas capas de la población, ya que se necesita una mano de obra muy barata. Asimismo, asistimos a una ingente emigración del medio rural a las ciudades. En el campo, la protección social y estatal ha desaparecido. En muchas provincias, el estado de los servicios públicos es muy malo. Estos flujos migratorios, la población "flotante", representan en China alrededor de 120 millones de personas. Estos colectivos son muy vulnerables al VIH. Cuentan con muy poca información. Además, el dinero circula, la prostitución ha vuelto a aparecer de forma masiva, cuando estaba prácticamente desaparecida desde los años 50. Las autoridades son muy conscientes de esta evolución y han comenzado a promover el uso del preservativo en los cabarés y bares con karaoke. Lo hemos visto en África durante los comienzos de la epidemia, donde las primeras víctimas del sida han sido durante mucho tiempo las personas que más se desplazaban y los hombres que contaban con los medios económicos para mantener a varias parejas sexuales.

Esta evolución es probable: una epidemia del VIH que se extiende, en parte como un subproducto de un desarrollo económico desigual y de una apertura al mundo, lo cual entraña un menor control social. En Japón, por ejemplo, estamos presenciando un cambio en la cultura sexual. Antes existía una gran disparidad entre los hombres y las mujeres en cuanto al comportamiento sexual. Los hombres jóvenes recurrían a las prostitutas, ya que las mujeres no eran accesibles fuera del matrimonio. Estas normas han cambiado. Las mujeres jóvenes tienen en la actualidad tantas parejas sexuales como los hombres, y mantienen la primera relación sexual a la misma edad. Las autoridades se preocupan mucho por dichos cambios y su repercusión en la transmisión del VIH. En 2004, se registraron más de 1.000 casos de personas infectadas o enfermos de sida, bastantes más que en los años precedentes. La epidemia del VIH es dinámica y sigue a las transformaciones socioculturales.

EL DESARROLLO ECONÓMICO, POR TANTO, NO ES UNA GARANTÍA PARA UN MAYOR CONTROL DE LA EPIDEMIA DEL VIH, LO CUAL PUEDE SER UN FACTOR DE VULNERABILIDAD EN SÍ.

Sí y no. La pobreza supone un factor extremadamente importante en esta epidemia, pero si hablamos de un desarrollo económico salvaje, que aumenta las desigualdades, que no tiene en cuenta a las capas más débiles de la sociedad, que no introduce medidas (contra el sobredesarrollo o exceso de desarrollo), entonces le estamos abriendo el cauce a la epidemia. Generalmente, hay una fuerte asociación negativa entre la pobreza y la salud. Las personas y los países más ricos tienen una mejor salud, medida por varios indicadores como la esperanza de vida o la incidencia de las enfermedades transmitidas por el agua. Muchos investigadores han tenido la misma actitud en cuanto al sida, una enfermedad que muchas veces ha sido descrita como "la enfermedad de la pobreza". Sin embargo, hay una diferencia fundamental entre el sida y los demás problemas de salud generalmente relacionados con la pobreza. A diferencia de enfermedades como la tuberculosis o la malaria, el VIH se transmite en la mayoría de los casos a través de las relaciones sexuales. Esto pone en juego la perspectiva económica en torno a los favores, al poder y a la dependencia, que influyen en la capacidad de los individuos de adoptar sus propias elecciones en cuanto al comportamiento sexual. Una reciente evidencia indica claramente que el sida, más que una enfermedad de la pobreza en sí, es una enfermedad de la desigualdad, a menudo relacionada con la transición económica. El hecho de que en los países pobres hay más personas que viven con el VIH que en los países ricos es irrefutable. Más del 60 por ciento de las personas que viven con el VIH proceden de la región más pobre del mundo: el África Subsahariana. No obstante, los estudios llevados a cabo al comienzo de la epidemia mostraron que el VIH tenía mayor incidencia entre las personas pudientes de dicha región que entre los pobres. Diez años después, la mayoría de las infecciones todavía parecen concentrarse entre los asalariados urbanos y entre las personas que más se desplazan. Muchos investigadores apuntan que lo más importante son las desigualdades económicas y las de género, además de una frágil cohesión social, que son factores que influyen en las relaciones sexuales y, por tanto, en la transmisión del virus. Amartya Sen, Premio Nobel de Economía, describe la pobreza como uno de los resultados de un gobierno deficiente. Dicho de otro modo, no se puede hablar de fatalidad vinculada a un determinismo económico. Tomemos como ejemplo la isla de Sakhaline, el Kuwait siberiano para las compañías petrolíferas. Hay decenas de miles de trabajadores inmigrantes sin sus familias trabajando allí en condiciones muy duras; hay muchas prostitutas y corre la droga. Parecía que se habían reunido todas las condiciones para que se produjera una epidemia de importancia. Trabajamos allí con dos empresas petrolíferas y, gracias a los programas puestos en marcha, el número de infecciones sigue siendo limitado por el momento. Por tanto, se puede planificar este tipo de intervenciones. En China, hay que poder gestionar a la vez el desarrollo económico y la epidemia del sida. Si las masas rurales quedan excluidas del desarrollo, se crearán tensiones explosivas, igual que en el pasado.

¿TIENE LA IMPRESIÓN DE PODER INFLUIR EN EL CURSO DE LA EVOLUCIÓN HISTÓRICA, QUE ONUSIDA Y USTED PERSONALMENTE PODRÁN MODIFICAR LOS GRANDES DESEQUILIBRIOS?

Sí, no personalmente, pero sí como director de ONUSIDA. Ya hemos influido profundamente en la financiación de la lucha. El hecho de que los recursos para la epidemia se hayan multiplicado por 40 desde nuestra creación, el establecimiento del Fondo Mundial y los cambios de política frente al sida en los principales países son, en gran parte, el resultado de nuestra acción. El gran reto para nosotros es salir de la problemática técnica de la epidemia y abordar los problemas relacionados con la seguridad, la economía y el desarrollo. Se trata también de uno de los efectos positivos de un programa copatrocinado: podemos acceder más fácilmente al Banco Mundial y al FMI. Hay que ser modestos y reconocer que para algunos avances han hecho falta 10 años cuando se podían haber llevado a cabo en un año. Es indignante, no hay que abandonar, sino todo lo contrario, hay que seguir esforzándose.

¿SE PUEDE HABLAR DE UNA ESPECIE DE "FRACASO DE LA CONCIENCIA" ANTE ESTA EPIDEMIA?

La organización de la respuesta mundial ha llevado muchísimo tiempo y ahí sí que se puede hablar de fracaso. Si al principio de la epidemia hubiera habido la solidaridad y el compromiso actuales, nos habríamos ahorrado esta catástrofe mundial y millones de muertos. Eso es lo que me indigna y me intriga al mismo tiempo. Hace diez años se sabía tanto como hoy sobre la epidemia, sus consecuencias económicas, la mortalidad y los riesgos de expansión. La sensibilización política ha llevado demasiado tiempo. Es ahí donde se puede hablar de fracaso y de responsabilidad histórica, sobre todo en el caso de África. ¿Veremos la misma negligencia para con la epidemia en Asia? Los líderes asiáticos son más pragmáticos y la capacidad de respuesta de las comunidades está más desarrollada allí que en África. Sin embargo, en el sur de Asia, los mayores grados de vulnerabilidad están relacionados con la noción de género y la desigualdad entre los sexos.

En la actualidad la concienciación y la sensibilización sobre el sida es considerable, inclusive en los países en vías de desarrollo. Cuando vemos los conciertos y a los famosos que militan a favor de la solidaridad con los países más afectados, me pregunto si se trata de una moda o si esto puede durar, porque aunque se hable de "Make poverty history", por lo general, el tema central es la lucha contra el sida. Es formidable. Lo que sigue siendo problemático es que para la mayoría de la gente el sida está *ver van my bed*, lejos de mi cama, como se dice en neerlandés. El sida es todavía cosa de otros. Aún no se asume que el mundo es un gran poblado. A veces, no sé si nuestro registro es el de la caridad basada en las imágenes de huérfanos del sida difundidas por los medios de comunicación, al igual que pasa con las hambrunas o si se trata de una solidaridad con bases más consistentes. Todavía tengo mis dudas. Sin embargo, en política existe un liderazgo impresionante en los países occidentales. La generación de políticos como Bush, Chirac o Blair, nos gusten o no, se ha comprometido con algo que no les reportará muchos votos y que incluso puede hacer que los pierdan. Es un indicador de liderazgo. ¿Cómo perennizar este compromiso con sus sucesores? Por supuesto, podría utilizar grandes palabras y eslóganes para denunciar el fracaso de los líderes y el egoísmo de los países ricos pero, ¿adónde nos llevaría todo eso? Lo que yo miro es, sobre todo, de dónde venimos y dónde estamos. Los progresos son reales pero lentos, demasiado lentos.

El mundo ha cambiado muchísimo: la informática, Internet y también las necesidades y los medios para la lucha. Todavía me acuerdo de la época de la epidemia del Ébola en 1976, en un rincón apartado de Zaire: nuestro único medio de comunicación con la capital era lo que pudiera haber en las misiones católicas (radioteléfono...). No sabíamos ni siquiera si los mensajes llegaban. Un mundo en el que se reparta más la riqueza de los países ricos es posible. Sería por nuestro propio interés. Nosotros dependemos de la estabilidad del mundo, sobre todo en Europa, donde estamos volcados en la exportación. No llegaré al punto de vincular terrorismo con pobreza —creo que la humillación tiene mucho más que ver—, pero las desigualdades que hay en el mundo crean tensiones insoportables y peligrosas para todos. De ahí la ampliación del concepto de seguridad para incluir al sida.

Si las tendencias y compromisos de los cuatro últimos años en cuanto a la lucha contra el sida se confirman, podemos permitirnos cierta esperanza. Si se trata de una moda sin futuro, lo tenemos crudo. Todos los periodistas me dicen que resulta complicado publicar un artículo sobre el sida en los medios de comunicación occidentales. Efectivamente, a parte de la certeza de que la circuncisión masculina disminuye el riesgo de infección del VIH de hombre a mujer, no habrá novedades en ese frente, a menos que se realice un espectacular descubrimiento científico como una vacuna. El sida ya no es noticia de "primera plana" desde hace mucho tiempo, sobre todo desde que en los países con renta alta existe el acceso al tratamiento con antirretrovirales. Las agendas mundiales cambian y los ataques terroristas provocan víctimas ahí también, aunque no siempre sean inmediatas, ya que matan lentamente el sentimiento de solidaridad internacional y la ayuda al desarrollo. El riesgo de que los países ricos se atrincheren en sus fortalezas podría aumentar. Y los pobres serían las primeras víctimas.

PAUL FARMER HABLA DE VIOLENCIA ESTRUCTURAL, LA VIOLENCIA EJERCIDA CONTRA MUCHOS PAÍSES EN VÍAS DE DESARROLLO EN TÉRMINOS DE DESIGUALDAD Y EXPLOTACIÓN.

No es Paul Farmer de la Universidad de Harvard quien ha inventado ese concepto: ya se encontraba en los escritos de los padres del tercermundismo como Frantz Fanon o en la literatura marxista.

¿ESTÁ DE ACUERDO CON ESE PLANTEAMIENTO, ESA NOCIÓN DE LA VIOLENCIA ESTRUCTURAL, QUE ES MÁS BIEN FRUTO DE UN SISTEMA QUE DEL COMPORTAMIENTO DELIBERADO DE UNOS INDIVIDUOS CONSCIENTES?

Sí, si no se mezcla con una violencia que sería la situación del Norte contra el Sur. La elite del Tercer Mundo participa y saca partido de ese sistema; por ejemplo, las clases medias de Sudáfrica, Indonesia, Brasil o la India (entre 200 y 300 millones de personas), y en China pronto será parecido. No hay una mano invisible que utiliza el mundo y lo manipula para que sea tan desigual. Cuarenta años después del fin del colonialismo, es muy fácil achacar todo al pasado y a las potencias coloniales. Por supuesto, todavía hará falta mucho tiempo para cambiar profundamente esta herencia, sobre todo en África. Paul Farmer está muy influenciado por la situación de Haití, país en el que ha trabajado mucho pero que es un caso extremo. Tomemos el país vecino, la República Dominicana: la situación allí es muy distinta. Pero, más allá del eslogan, sin duda existe una violencia estructural y ahí reside la dificultad de la lucha contra la expansión del VIH. ¿Cómo llevar a cabo la prevención del VIH en un contexto de penuria y violencia? Por ejemplo, para una mujer abandonada con varios hijos o cuyo marido trabaja lejos en una empresa minera. En situaciones como la de Darfur o el este de Congo.

La violencia estructural no está relacionada con un complot. Yo veo más bien el resultado de una dinámica de los intereses nacionales y de un sistema centrado en el beneficio individual. Cada nación lucha, si no por la hegemonía, al menos por sus intereses. He presenciado un giro histórico en Cancún durante la reunión de la OMC. Por primera vez he visto un bloque unido formado por varios países encabezados por Brasil y la India, que dijo "no" a los Estados Unidos y a la Unión Europea en materia de comercio. No era para defender los intereses de los países menos desarrollados, como los de África Occidental; era para defender sus propios intereses, sus actividades comerciales y servicios. No es ninguna casualidad que la India haya cambiado su ley sobre la propiedad intelectual; a partir de ahora, quiere proteger su nueva industria y recoger los frutos de sus investigaciones originales. Las ONG consideran que la India debería continuar proporcionando medicamentos baratos al resto del mundo: es el enfoque moral. No obstante, la India cuenta con nuevos recursos y produce bienes originales de los que quiere obtener beneficios. Es como Japón, que antaño realizaba copias y copias, pero que en la actualidad ha desarrollado sus propias inversiones en biotecnología, farmacología e informática, de las cuales obtiene muchos beneficios. Un movimiento similar se está produciendo en China, interesada en tener patentes y proteger sus inventos. Nada impide a otros países, como Sudáfrica, tomar el relevo y producir antirretrovirales genéricos.

Pero el Tercer Mundo sigue estando extremadamente fraccionado a escala mundial y mucho más dividido que hace

50 años cuando tuvo lugar la conferencia de los No Alineados en Bandung. Esta división se refleja en la propia África, en las divisiones étnicas de algunos países. Por eso resulta tan importante y necesario un movimiento de descentralización y federalismo. He podido observar la ventaja de esas reformas cuando se otorgó el Premio de la Fundación Rey Balduino por el Desarrollo a Ousmane Sy, el responsable de la descentralización en Malí. Fue él mismo quien organizó las elecciones democráticas que su partido perdió. Eso demuestra que se ha ajustado a las reglas del juego democrático. Si Sudán o Costa de Marfil, por ejemplo, tuvieran una estructura federal con una gran autonomía para las regiones, se habrían podido evitar cantidad de conflictos. La estructura centralizada heredada de las antiguas metrópolis francesas, británicas y belgas no es adecuada; nunca lo ha sido. Enfrentamos estas realidades con la lucha contra el sida: hay que descentralizar hasta la escala local. La lucha contra el sida nos remite al desarrollo de estructuras democráticas, a la participación en la vida política y social.

¿CUÁLES SON LOS ESCENARIOS DEL FUTURO PARA EL ESTADO DE LA EPIDEMIA EN, DIGAMOS, CINCUENTA AÑOS?

El mejor de los escenarios sería el de un mundo en el que los índices de infección por VIH fueran muy bajos y donde cada sociedad tendría que decidir lo que es admisible —un índice de uno por mil, de uno por ciento...—, lo cual variaría de una sociedad a otra. En Europa Occidental ya nos encontramos en dicha fase. En Bélgica se infectan de dos a tres personas por día; en España, de 6 a 7. Y tengo la impresión de que esto se considera normal y aceptable. Para mí, evidentemente, son de 800 a 2.000 personas infectadas de más por año. Pero los accidentes de carretera provocan varios miles de muertos cada año. Y, sin embargo, no se paraliza el transporte por carretera. La política de prevención en seguridad vial utiliza una mezcla de educación y represión, que va de los cinturones de seguridad a los radares, esperando de esta forma disminuir progresivamente el número de muertos. Erradicar por completo el sida significaría disponer de una vacuna eficaz casi al cien por cien, que se aplicaría a todo el mundo durante una o dos generaciones. De hecho, un joven de 20 años, que comience su tratamiento hoy, puede esperar vivir por lo menos hasta los 50 o 60 años. Este factor positivo significa también numerosas oportunidades para infectar a otras personas. Porque bajo tratamiento, incluso con un índice de viremia muy bajo, por desgracia todavía hay riesgo de transmitir el VIH. Y cuando eso ocurre, se trata a menudo de la transmisión de un virus resistente a los medicamentos. Por tanto, estoy seguro de que no voy a ver el final del sida en el transcurso de mi vida. Es ahí donde es necesario un enfoque a largo plazo. La urgencia reside en el escándalo que supone la falta de tratamiento y la falta de información sobre la sexualidad que mata a decenas de miles de personas, pero también es urgente invertir en los cambios estructurales. La transformación de las normas sociales y las modificaciones en las desigualdades existentes en las relaciones entre hombres y mujeres son muy importantes. Las campañas basadas en el miedo no pueden ser eternas. Al final terminan cansando. Hay que educar a las generaciones jóvenes y, por supuesto, para siempre.

El largo plazo me preocupa. Estamos delante de muchas incógnitas tanto en lo referente a la evolución de la epidemia como al futuro de la respuesta. Acabo de lanzar una iniciativa llamada "Sida 2031" con el objetivo de reflexionar sobre este aspecto —a lo largo de 25 años, ¡y no 50!—. Esta iniciativa debería formular recomendaciones para un enfoque más duradero de la lucha contra el sida. Aún estamos en la fase en la que la urgencia nos obliga a intervenir de inmediato pero sin importar cómo. Los fondos necesarios comienzan a llegar. Junto con esta urgencia, hay que tener en cuenta los aspectos a largo plazo y hay que darles prioridad. Una buena puesta en marcha significa también la reflexión sobre la coordinación a medio y largo plazo y sobre los mecanismos que hay que implantar. Quién hace qué y con qué grado de responsabilidad. Y eso afecta tanto a tabúes como a camarillas de todo tipo. Eso es lo que hace que esta lucha sea tan apasionante. Si se tratara únicamente de poner en marcha un programa de forma mecánica, no me interesaría tanto. Con el sida se descubren nuevos retos continuamente. Nuestra tarea es prever dichas dificultades y facilitar el descubrimiento de soluciones en un mundo lleno de incertidumbres e incógnitas, donde no debe darse nada por hecho o conseguido. No lo olvidemos: nos encontramos al principio de la historia de la epidemia del sida.

CONFERENCIA DE PETER PIOT*

En primer lugar, permítanme disculparme por no ser capaz de ofrecer este discurso en su idioma. Para mí esta presentación en el Museo de Guggenheim es un acontecimiento muy especial. Quienes me conocen saben que me gusta mucho el arte contemporáneo y que soy un visitante habitual de los museos de Guggenheim en otras partes del mundo. Y estoy particularmente entusiasmado con este ciclo de conferencias de "100 por ciento África", porque la colección de Jean Pigozzi expuesta en este museo es muy familiar para mí y para mis compañeros de ONUSIDA: parte de la colección se encuentra en nuestra sede de Ginebra, donada por mi amigo Jean Pigozzi para el disfrute de quienes allí trabajamos. En nuestra sede tenemos cada vez más visitantes, y yo invito a todo el mundo que viaje a Ginebra Y que venga a ver nuestro Museo ONUSIDA. El catálogo del museo estará pronto disponible en nuestra *website*, y en él estará no sólo la obra de Jean Pigozzi, sino la de otros artistas contemporáneos que también se encuentran allí exhibidos.

Otro motivo de ilusión por encontrarme hablando en este, digamos, templo del arte, es que cuando se trabaja con el sida es necesario un ejercicio de humildad y modestia. Recuerdo en particular el principio de mi trabajo, cuando fui a África y, aun con todo mi conocimiento médico, no tenía medios para asegurar que la gente no muriera. Enfrentarse a la muerte de gente joven es la forma en que uno se enfrenta también a su profesión. El arte puede expresar mejor que el lenguaje científico o de la calle lo que ocurre en nuestra mente en situaciones semejantes y nos ayuda a comprender los desafíos contra los que luchamos. Y espero que la sociedad continúe valorando esta aportación que nos hace.

Puedo decir también que, desde mi perspectiva, aquí en el País Vasco se ha realizado un magnífico trabajo en relación con la lucha contra el sida. Recuerdo que aquí se dio una de las peores epidemias de sida de Europa en la década los ochenta. Y a la vez también se vio un espectacular descenso en nuevas infecciones porque se aplicaron buenos tratamientos y había profesionales competentes para llevarlos a cabo. En este sentido me gustaría rendir un especial homenaje aquí a Daniel Zulaica, no el único pero sí uno de los verdaderos impulsores del acercamiento consciente a la epidemia del sida. Nuestro trabajo a menudo exige ir contra corriente de la opinión pública, para quien posiblemente no resulte obvio que la manera de tratar el sida en el colectivo de usuarios que se inyectan droga es suministrar jeringuillas en las prisiones. Sabemos que esta estrategia funciona, pero llevarla a cabo requiere un gran coraje político que el Gobierno Vasco ha sabido tener. Esta mañana he tenido un encuentro con el lehendakari Ibarretxe y hemos firmado un acuerdo. Yo lo considero un acuerdo sólido en el que ambas partes vamos a poner mucho empeño trabajando juntos.

Le doy las gracias también a Mikel Mancisidor, director de UNESCO ETXEA, porque sin él no estaríamos esta noche aquí. Muchas gracias por tu ayuda.

El año pasado fue un año clave en la lucha contra el sida, porque se cumplieron 25 años de su descubrimiento. Diez años después, el año en que se fundó ONUSIDA, se había dado a conocer un tratamiento efectivo, así que la mayoría de nosotros recordamos y conmemoramos cosas buenas y otras no tan buenas. Mirando hacia el pasado, resulta realmente extraordinario que algo desconocido hace 25 años se haya convertido en uno de los asuntos cruciales de nuestro tiempo. El sida se sitúa en la misma línea de importancia que el cambio climático, la pobreza en el mundo y la amenaza nuclear, porque el futuro de nuestro siglo dependerá de lo que hagamos como comunidad global frente a esta epidemia. En África en particular, aunque también en otras zonas del mundo, cada vez será menos posible el desarrollo económico y social si la epidemia del sida continúa matando personas en los años más productivos de su vida. Porque en 25 años, cerca de 65 millones de personas se han infectado con el VIH. 65 millones de personas conectadas entre sí a través de relaciones sexuales, de compartir jeringuillas, de recibir una transfusión de sangre procedente de alguien con VIH o por transmisión materna. No existen otros medios de transmisión. Y esto indica otro aspecto de la globalización: la globalización de los riesgos. Es una red que existe en el mundo, no visible pero real. Y también da un nuevo significado al término "vínculos de sangre". 65 millones de personas en 25 años, y no podemos imaginar cuántas serán durante los próximos 25. La cifra final sólo depende de nosotros.

A través de todas estas estadísticas podemos observar cuáles son las tendencias de esta epidemia en la actualidad. Yo diría que son tres:

- Una es la globalización. Lo que comenzó en la parte occidental de África ahora lo encontramos en todo el mundo. Es, tal y como he mencionado, un problema de globalización. Actualmente, el mayor crecimiento de la epidemia del VIH se da en las ex repúblicas soviéticas, no en África. Aunque el mayor problema está en África, el sida se extiende con mayor rapidez en los antiguos países del bloque soviético.

· La segunda tendencia que observamos es la feminización de la epidemia. Recordemos que el sida fue descrito en un primer momento en cinco hombres homosexuales de Los Ángeles como una misteriosa neumonía. En la mente de mucha gente todavía se asocia sida con homosexualidad masculina. Aun en la actualidad los hombres homosexuales son el grupo más vulnerable en Europa y en Latinoamérica. Pero hoy el 50 por ciento de los 40 millones de personas que viven con VIH son mujeres. En África son el 60 por ciento y en todas las regiones del mundo la proporción crece. Esto se debe a dos factores. Uno es biológico: es más fácil transmitir el VIH de hombre a mujer que de mujer a hombre durante las relaciones sexuales; y otro, y más importante, es social, cultural: se debe al comportamiento de los hombres y a la posición de inferioridad de las mujeres en el mundo, a la existencia de una gran tasa de violencia sexual y a la gran dificultad que existe a la hora de pedir que se utilice el preservativo en las relaciones matrimoniales.

· Y la tercera tendencia es el incremento del número de comunidades o lugares donde desciende el número de infecciones y, por lo tanto, donde se comienza a ver el resultado de nuestros esfuerzos de prevención. Lo vimos en primer lugar a comienzos de los ochenta, en las comunidades homosexuales occidentales, pero ahora lo vemos también en África, en el Caribe, en algunos Estados de la India, en Camboya… Se da en muchos lugares del mundo, con la excepción de la Europa del Este.

Déjenme contarles algo del sida en África antes de ir al tema de mi discurso, que tiene que ver con la injusticia y cómo el sida muestra la peor cara de ella pero también ofrece las herramientas para vencerla.

Mi historia con el sida en África comenzó en octubre de 1983 cuando fui al Hospital Mamayemo. Mamayemo recibió su nombre de la madre de Mobutu, presidente de Zaire, y es uno de los mayores hospitales de África. Cuando entré en las salas de medicina interna, vi que estaban repletas de hombres y mujeres jóvenes, totalmente consumidos y agonizando. Yo había estado en el mismo hospital en 1976, siete años antes, y entonces aquellas salas no estaban llenas de gente joven, sino de personas mayores. En 1983 lo que había allí eran personas de mi edad, de la edad que yo tenía entonces. Tuve lo que creo que en psicoanálisis se llama "certeza interna" y me di cuenta de que allí estaba ocurriendo algo. Estaba ocurriendo algo serio.

Yo estaba en Kinshasa para comprobar si había una epidemia de sida. En Amberes, en el Instituto de Medicina Tropical donde yo trabajaba, teníamos muchos pacientes provenientes de África y nos preguntábamos si las 100 personas que allí había podían tener lo que parecía ser sida, tal como había sido descrito en Estados Unidos. Sin embargo, en Amberes había muchas mujeres, lo cual no encajaba en la descripción de la enfermedad como algo propio de los hombres homosexuales: en un primer momento incluso se había denominado "enfermedad homosexual masculina" o "síndrome de inmunodeficiencia relacionado con la homosexualidad masculina".

Por lo tanto, yo quería aclarar si en el país de origen de aquellas personas había realmente un problema y si se trataba de la misma enfermedad descrita en Estados Unidos. La respuesta a ambas preguntas fue sí. Había una enfermedad que estaba afectando a hombres y mujeres jóvenes. Hay más heterosexuales que homosexuales en el mundo y esta epidemia era heterosexual. Esto estaba diezmando las fuerzas productivas en África y no era difícil adivinar que supondría un enorme problema para el futuro del continente. En este momento supe que era el trabajo que yo iba a realizar a partir de entonces: quería saber qué iba a ocurrir y cómo podíamos contener este problema.

Ahora, después de haberles dado algunos datos, permítanme decirles que África es un continente muy grande, con una gran diversidad de situaciones. Hay países en el África Occidental como Malí o Senegal donde aproximadamente el 1 por ciento de la población, un porcentaje muy pequeño, es seropositiva. Y, en el otro extremo del continente, en el sur, hay países como Suazilandia o Botsuana, en donde una de cada tres personas, el 40 por ciento de la población adulta, es seropositiva. Imaginen lo que eso significaría si extrapoláramos estas cifras al País Vasco: habría casi un millón de personas seropositivas en esta comunidad. En Sudáfrica, que es el motor del desarrollo económico del sur y este de África, viven 5,5 millones de personas seropositivas.

En los países con gran incidencia de la enfermedad existe el problema añadido de ser naciones muy pobres que no tienen ni idea de cómo afrontar este problema

Así que en África tenemos epidemias extremas. En toda el África Meridional no existe una familia que no esté afectada por el sida, que no haya perdido a alguien, mujer u hombre, a consecuencia del sida. No existen abuelos que no tengan un hijo o nieto infectado por el sida. Cuando observamos lo que se considera un indicador de desarrollo, la esperanza de vida, vemos que en el sur de África dicha esperanza está situada entre los 20 y los 30 años. Es como volver a la situación que había en los años cuarenta y cincuenta y esto es consecuencia del sida. Este declive en la esperanza de vida es casi el doble del que se dio en Europa por los efectos combinados de la Primera Guerra Mundial y a la epidemia de gripe de 1918-1919, conocida como la "gripe española". Es un dato que da una idea de la relevancia del problema y que tiene enormes implicaciones.

Sus consecuencias se observan claramente en lo relativo a la mano de obra: las víctimas son personas que se encuentran en su momento vital más productivo y reproductivo y las empresas comienzan a sentir el impacto. No es una coincidencia que en

Sudáfrica las grandes empresas angloamericanas del sector minero, las minas de oro, así como Volkswagen y otros fabricantes de automoción hayan sido los primeros en comenzar a ofrecer tratamientos para el VIH a sus empleados. Porque el sida afecta a la línea de producción básica, a los beneficios, y también afecta al Estado, por supuesto.

En muchos países del sur de África el sida mata a más profesores de los que cada nación produce al año. Y ¿quién educa a los niños si los profesores mueren? Los médicos y las enfermeras también mueren. Son profesionales muy desmoralizados, porque los hospitales están a rebosar de gente que acude allí morir, lo cual genera un gran sentimiento de impotencia.

Este impacto también se siente en los políticos que fallecen a consecuencia del sida. En Zambia se ha multiplicado el número de reelecciones en los últimos 7-10 años, debido a la muerte de parlamentarios. Esto confirma que nadie está protegido, por mucha educación o dinero que tenga. El sida es una huella que marca cada uno de los aspectos de la sociedad.

Catorce millones de niños se han quedado huérfanos y abandonados al morir sus padres de sida. Y la cifra no cesa de crecer. En un país como Suazilandia, uno de cada cuatro hogares tiene como cabeza de familia a un niño. Los niños ya no tienen infancia.

Podría continuar dando datos y más datos al respecto. Pero también me gustaría darles alguna buena noticia de África: este continente está contraatacando a la epidemia.

Cada dos años se realiza un informe sobre sida en el mundo. Y en mayo de 2006, en la sesión especial de la Asamblea General de la ONU sobre el Sida, que tuvo lugar en Nueva York, pudimos mostrar por primera vez las buenas noticias que llegaban de África. Por primera vez, pudimos informar de que había una serie de países, y Ruanda es uno de ellos, en los que datos oficiales indicaban una disminución de nuevas infecciones, particularmente entre los jóvenes. Esto es el resultado de una inversión masiva en la lucha contra el sida durante los últimos años. En términos económicos es la respuesta a esa inversión: hay menos personas infectándose.

A nivel mundial hay 2 millones de personas en tratamiento antirretroviral y, de ellos, más de un millón viven en África. Hace cinco años, en África, sólo había unos pocos miles de personas con tratamiento antirretroviral. Entonces sólo los ricos o los habitantes blancos de Sudáfrica con seguros privados podían permitírselo económicamente.

Ha habido un gran progreso y la razón principal es, sobre todo, de índole política. Durante los muchos años que he estado trabajando con el sida en África, en los años ochenta y principios de los noventa, me he preguntado a menudo: ¿cómo puedo continuar informando de esta catástrofe que no cesa y que cada año va a peor? Necesitamos cambiar el mundo, no sólo estudiarlo. Llegué a la convicción de que este asunto tenía que integrarse en la agenda política. Así que, cuando fui elegido director de ONUSIDA, tenía tres objetivos. El primero era colocar el sida en la agenda política, porque de otra manera no se pueden llevar a cabo acciones políticas valientes, como las que se han llevado a cabo en el País Vasco. Si tomamos como ejemplo lo referente a la reducción del daño, sin la agenda política no habrá ni dinero ni movilización social. Y al hablar de la agenda política no me refiero sólo a los líderes ni al Gobierno, sino a todos los integrantes de la comunidad: al alcalde, al párroco, al presidente de una empresa, al director de una ONG. Todos estos líderes son cruciales y se ha constatado un gran cambio a este respecto.

El año 2001 fue un momento decisivo en el que ocurrieron dos acontecimientos dentro del ámbito del sida.

El primero fue la Cumbre de la Unión Africana en abril, que el presidente Obasanjo, como anfitrión, ofreció en Abuja, Nigeria, y a la cual acudieron casi todos los presidentes africanos y un rey que dijeron: "queremos detener el sida". Este suceso fue muy importante porque uno de los mayores problemas con el que nos habíamos enfrentado hasta entonces había sido la total negación de la epidemia de sida por parte de los líderes políticos. Por lo tanto se puede decir que fue un cambio histórico.

El segundo acontecimiento tuvo lugar en Nueva York, entre mayo y junio de 2001. En la Asamblea General de la ONU se celebró una reunión de tres días de duración dedicada exclusivamente al sida. Era la primera vez que la Asamblea General se reunía para debatir un tema de salud o de tipo social como el sida. Había allí 45 jefes de Estado y jefes de Gobierno, entre los cuales sólo tres eran europeos: el presidente de Portugal, el primer ministro de Irlanda y el presidente de Ucrania. Tras la reunión, estos gobernantes regresaron a sus países con la determinación de luchar contra el sida, implicando a todos los ministerios de su gobierno. Anteriormente sólo los ministros de Sanidad se ocupaban de este tema y no siempre contaban con el apoyo de las altas instancias de sus gobiernos respectivos. A partir de entonces la lucha implicaba ya a todo el Gobierno, lo cual es un dato muy relevante. También se dio un incremento en la dotación de fondos económicos. Por otro lado, se vio que los países ricos tomaban el liderazgo. Algo que no es muy popular cuando lo cuento en Europa, pero que es un hecho evidente, es que el anuncio del presidente Bush en el debate sobre el Estado de la Nación de enero de 2003 de que iba a destinar 15 billones de dólares a la lucha contra el sida en los países en desarrollo marcó un punto de inflexión. Fue un giro decisivo porque el presidente del país más poderoso del mundo había dicho que iba a tomarse muy en serio el sida y que iba a poner dinero sobre la mesa para hacerlo.

Recuerdo que en el año 2000, cuando se celebró la Conferencia Internacional sobre Sida en Durban, solicité ayuda, pedí más dinero y dije: "necesitamos movernos del mundo M al mundo B". En inglés significa de millones a billones. Y entonces hubo líderes mundiales de agencias de desarrollo del mundo occidental que me llamaron y me dijeron que era muy irresponsable por mi parte realizar este tipo de declaraciones. Alguien de mi posición no debía manifestar este tipo de afirmaciones imprudentes y que, en todo caso, no había dinero para ello. Ése era el punto en el que nos encontrábamos entonces. Sin embargo puedo decir que fui muy afortunado por tener un jefe que me ofreció una gran ayuda, Kofi Annan. Kofi Annan se convirtió en un verdadero activista en la lucha contra el sida. E incluso ahora que ha finalizado su mandato como secretario general, continúa defendiendo esta causa porque se trata de su continente de origen, ya que nació en Ghana.

Por lo tanto estamos en un momento político verdaderamente importante. El desafío consiste en saber cómo mantenerlo y apoyarlo, porque no debe ser algo temporal, una moda pasajera durante un par de años, sino algo que permanezca durante la próxima década, durante la próxima generación.

También estamos en un momento decisivo para impulsar la financiación. Cuando se creó ONUSIDA, se destinaron cerca de 200 millones de dólares al sida en los países en desarrollo. Este dinero todavía no es suficiente para detener una epidemia mundial y facilitar el tratamiento y la prevención de su expansión.

Tenemos el compromiso de los jefes de Estado africanos para destinar el 15 por ciento del presupuesto nacional a la ayuda contra el sida, pero por desgracia muy pocos países han llegado a este objetivo, aunque están aumentando. Pero lo realmente importante es que desde hace 10 años se han invertido 200 millones de dólares en la lucha contra el sida en los países en desarrollo. El año pasado fueron 9 billones de dólares, de los cuales aproximadamente 6 billones se invirtieron en África. Esto es mucho dinero pero no es suficiente; necesitamos el doble. Y cuando hablo en plural no me refiero a que el dinero sea para ONUSIDA, ya que ésa no es la cuestión; es un dinero que debe destinarse a la gente.

Gracias a este incremento en las inversiones comenzamos a ver los resultados. ¿Cuáles son los desafíos que debemos afrontar en la actualidad? Uno de ellos es que la epidemia se mueve más rápido que nosotros. Cada día, 12.000 personas se infectan con el VIH en alguna parte del mundo y 8.000 mueren a diario. Esto es como si un jumbo se estrellara todos los días; sería un auténtico desastre y las cadenas de televisión no dejarían de emitirlo. Pero cuando la gente muere en silencio, olvidada, sin tratamiento, nadie habla de ello. Por lo tanto, la epidemia es todavía más rápida que nosotros, pero vamos acortando distancias gracias a nuestra reacción.

El segundo desafío está relacionado con lo que he mencionado anteriormente, la feminización de la epidemia. Significa que debemos volver a reflexionar sobre lo que hacer en términos de prevención del VIH. Significa que debemos tener más en cuenta las necesidades de las mujeres y el impacto que produce en ellas. Significa que, desde mi punto de vista, no existe una solución técnica para la epidemia. Por supuesto, todos esperamos que un día se encuentre una vacuna eficaz, pero todavía no la tenemos. Mientras tanto sería muy importante tratar los conductores de esta epidemia y para ello hay que tratar también las desigualdades entre hombres y mujeres. En África las mujeres son un factor muy importante. Sabemos que al menos una de cada tres mujeres en muchas partes de África y en muchas otras partes del mundo son violadas en su primera experiencia sexual, es decir, que su primera experiencia es de violencia sexual. De forma que aquí no podemos afrontar el problema con más preservativos o con, digamos, aconsejar la abstinencia y la fe, porque nos enfrentamos con una situación de violencia anormal. Y también nos enfrentamos a la situación de que las mujeres son en mayor medida analfabetas, no entienden de qué se trata la enfermedad y no saben cómo protegerse a sí mismas. De la misma manera, tienen menos oportunidades en el mercado laboral, lo cual nos lleva a recordar que uno de los motores de la prostitución sexual en el mundo es la pobreza, y que la prostitución es una forma de supervivencia. En consecuencia, todo esto nos muestra que necesitamos prestar más atención a las mujeres.

Por otro lado, hay que encontrar nuevos métodos de prevención. Concretamente un método que esté controlado por las mujeres: el denominado microbicida. Un microbicida es algo que mata al microbio. La mujer podría depositarlo en la vagina en forma de gel o similar y mataría el virus durante el acto sexual. Técnicamente es algo posible y existen estudios en marcha para su creación. Es posible que en pocos años dispongamos de este método preventivo.

Ahora que empezamos a tener resultados a corto plazo, necesitamos pensar a largo plazo. El largo plazo implica considerar quién va a pagar por los tratamientos en los próximos diez, veinte, treinta, cuarenta años en los países en vías de desarrollo. ¿En qué consistirá el apoyo político? ¿De dónde vendrán los nuevos medicamentos? Sabemos que un tiempo después de introducir tratamientos tanto personas como virus desarrollan resistencia o inmunidad a ellos, y hace falta una segunda fase de tratamiento. O una tercera, una cuarta fase de tratamiento. Existe gran urgencia de innovación constante. ¿De dónde vendrá? ¿Quién pagará por ello? Hay aspectos de la lucha contra el sida que todavía no están controlados y hay que combinar esta respuesta a corto plazo de la crisis, una crisis en la que 8.000 personas mueren cada día, con la necesidad de tener también una visión a largo plazo.

Llegamos ahora al tema de la justicia. Jonathan Mann, el primer director del Programa Global sobre el Sida en la OMS, fue la primera persona que en los años ochenta incentivó que se buscara una respuesta global sobre el tema e hizo reaccionar al mundo respecto a la epidemia. Por desgracia, falleció en un accidente de avión en 1995. Antes había llamado la atención sobre el hecho de que el sida refleja las injusticias del mundo. La primera manifestación del

sida en los Estados Unidos sacó a la luz pública que la homosexualidad era ilegal, que existía homofobia, discriminación, lenguaje
ofensivo, racismo... También en estos primeros momentos, según
creo recordar, los haitianos fueron acusados de ser los causantes
del sida. Y ya he mencionado antes el tema del género y la posición
vulnerable de las mujeres. Vemos que la enfermedad revela también las injusticias sociales.

También existen injusticias económicas e internacionales. En
1996 se demostró la eficacia de la terapia antirretroviral para el tratamiento del sida. Y en los siguientes 6 meses la mayoría de las personas de los países occidentales con sida o con VIH que necesitaban
tratamiento se beneficiaron del mismo, sobre todo en países como
éste, en el que existe un buen sistema de Seguridad Social. Es cierto que en determinados países occidentales, como Estados Unidos,
no todo el mundo tiene acceso a la Sanidad Pública. Pero en los países pobres, donde vive el 90 o 95 por ciento de la gente con VIH, no
había acceso a tratamiento de ningún tipo. Esto daba un nuevo significado a la división entre el Norte y el Sur, entre los países pobres
y los países ricos.

Y hay además un aspecto político. Debido a la negación política y a la falta de libertades civiles en muchos países del mundo, el
activismo del sida, las voces de las personas que viven con VIH y las
ONG no podían hacerse oír. Si los países occidentales descubrieron
el sida tan pronto, no fue por la voluntad política sino por el activismo social del sida. Sólo después los gobiernos se hicieron responsables de la situación.

Realmente no conozco ningún país que haya tenido éxito en la
lucha contra el sida sin movimientos sociales de base.

En la actualidad vemos esta tensión en China. En China, en
junio de 2005, el presidente de la República, Hu Jintao, y Wen
Jiabao reconocieron que el sida era una amenaza para la estabilidad
del país y pusieron en marcha un gran programa. En un año se

crearon 300 clínicas de metadona y centros de intercambio de jeringuillas. Esto sucedía en un país que hasta entonces había negado la existencia del sida. Semejante cambio resulta espectacular: de la represión total a la reducción de daños, sin etapas intermedias. A cambio, el problema que se presenta es que no existe una expresión social civil que pueda mostrar o canalizar los sentimientos y los problemas de la gente que vive con VIH. China debe ahora tratar de encontrar una manera de permitir la expresión a los movimientos sociales de base. De momento esto se refleja en reuniones entre afectados con el VIH y el presidente o primer ministro del país. Es un gran paso hacia la democracia que permite que se oigan las voces de la gente. Yo personalmente estoy muy orgulloso de que en ONUSIDA hayamos sido parte de este proceso, estimulándolo y creando un espacio de encuentro. Un espacio también físico, porque en las oficinas que tenemos en todo el mundo hay sitio para las ONG y para la sociedad civil, especialmente en aquellos países donde es imposible que estos grupos puedan alquilar un espacio o tener un sitio para reunirse: grupos de usuarios que se inyectan drogas o trabajadores sexuales u homosexuales masculinos o personas que tienen VIH. Esto es un reflejo de que todavía tenemos un largo camino que recorrer en cuanto a estas injusticias.

Porque para vencer el sida, para detenerlo, debemos estar guiados por nuestra necesidad de fomentar la justicia. Y debemos tratar los orígenes y los conductores sociales de esta epidemia; esto es una verdad aplicable a nivel global. Por eso es tan importante continuar las campañas contra el estigma, la discriminación y la homofobia. Hay que tener el convencimiento de que podemos triunfar porque vemos que los éxitos se van logrando. Cuando miro hacia la década de los ochenta, me resulta paradójicamente evidente que la epidemia del sida contribuyó a lo que podemos denominar como liberación gay, la emancipación de los homosexuales masculinos. El sida afectó muy duramente a esta comunidad pero también la ayudó a superar muchos obstáculos, incluso de tipo legal.

Esto todavía no ocurre en todas partes. Espero que podamos ver la misma evolución en la situación en las mujeres de África. Ahora que la relación entre mujer y muerte ocasionada por el sida es tan directa, en muchos países de África las mujeres están comenzando a luchar. En muchos países la dirección de los programas contra el sida está en manos de una mujer. En algunas ocasiones incluso todo el personal son mujeres. A menudo las primeras damas, las esposas de los presidentes de cada nación, están muy involucradas en este tema, como es el caso de Ruanda, país en el que el propio presidente se implica personalmente en la lucha contra la epidemia.

Si miramos alrededor encontramos que en muchos casos el sida propicia injusticias, pero también puede ayudar a combatirlas gracias a sus características particulares.

Puedo ofrecer algunos ejemplos en el ámbito internacional. Debido a la peculiaridad del sida, los países del mundo miembros de la OMC acordaron hacer una excepción respecto a los derechos de patente y derechos de propiedad intelectual para los países pobres, con el fin de reducir el precio de los medicamentos para tratar el sida. Esto ilustra directamente su excepcionalidad. Se creó un Fondo Global para luchar contra el Sida, la Tuberculosis (TB) y la Malaria. En la actualidad, cada vez son más los países que disponen de un fondo especial para asegurar que las personas con VIH tengan acceso a un tratamiento. Con todo, aún queda un largo camino que recorrer.

Permítanme terminar con algunas palabras sobre ONUSIDA y sobre nuestra forma de trabajar. ONUSIDA es un ejemplo único en el Sistema de las Naciones Unidas. Somos una organización que aglutina las actividades relacionadas con el sida de 10 agencias de la ONU, desde el Banco Mundial a la OMS, UNESCO, UNICEF, agencias que tratan con temas de infancia y otras. Y el propósito es que todos hablemos con una voz; que cada agencia trabaje más sobre el sida y que lo haga de una forma coherente para lograr que la calidad del trabajo sea óptima. Y nosotros, ONUSIDA, somos los líderes en apoyo, llevamos a cabo evaluaciones de control y otras actividades. Producimos un efecto real: negociamos un 90 por ciento de disminución en el precio de las medicinas. Hoy, gracias a nuestro trabajo pero también al trabajo del ex presidente Clinton y de los activistas del sida, se puede conseguir tratamiento antirretroviral de primera línea en países en vías de desarrollo por aproximadamente 110 euros. Un tratamiento que realmente cuesta entre 8.000 y 10.000 euros. Y esto ocurre porque hemos negociado ese precio con el convencimiento de que las empresas farmacéuticas ganan dinero en los países ricos y con ello recuperan las inversiones que realizan; esto es algo que de ninguna manera queremos obstaculizar.

Hemos logrado colocar el sida en la agenda política de muchos países, lo cual ha generado un beneficio real a la gente que vive con el VIH. Nuestro reto ahora, como colectivo, es continuar la lucha a largo plazo. Los próximos dos o tres años serán cruciales para África y para saber si continuarán estas tendencias positivas, si mejorarán las perspectivas, si habrá dinero y si los gobiernos invertirán en esta causa. Por eso es tan importante unir nuestras fuerzas. Y éste es el sentido de mi presencia hoy aquí: creo que uniendo nuestras fuerzas podremos contribuir verdaderamente a detener un día esta epidemia en África. Muchas gracias.

NOTAS

* Peter Piot, director ejecutivo de ONUSIDA, pronunció esta conferencia en el Museo Guggenheim de Bilbao, el 12 de febrero de 2007.

BIBLIOGRAFÍA

Hay resúmenes de la mayoría de los artículos científicos de los autores en Internet: Pubmed (http://ncbi?nlm.nih.gov/entrez/Quero.fcgi) o POPLINE (http://db.jhuccp.org/popinform/Basic.html). Estas publicaciones están en su mayoría en inglés.

En la página de ONUSIDA (http://www.unaids.org) se puede acceder rápida y fácilmente a los informes más recientes sobre la epidemia del sida en el mundo así como a documentos sobre las mejores prácticas en materia de prevención, asistencia médica y apoyo (disponibles en la red en francés). Proporciona una interesante introducción a los lectores que deseen saber más sobre la epidemia del VIH y sus múltiples consecuencias humanas, sociales y económicas.

La plataforma para la prevención del sida en Bélgica tiene asimismo una página muy completa en Internet, con *links* de muchas asociaciones.

http://www.preventionsida.org/portal/articles.php?id=90
Organizaciones de lucha contra el sida/VIH.

http://www.sitesmexico.com/directorio/o/organizaciones-sida-mexico.htm